Tarot Kármico
y de las vidas pasadas

Si este libro le ha interesado y desea que le mantengamos informado de nuestras publicaciones, escríbanos indicándonos qué temas son de su interés (Astrología, Autoayuda, Ciencias Ocultas, Artes Marciales, Naturismo, Espiritualidad, Tradición) y gustosamente le complaceremos.

Puede consultar nuestro catálogo en: www.edicionesobelisco.com

Colección
TAROT KÁRMICO Y DE LAS VIDAS PASADAS
Edain McCoy

1.ª edición: septiembre de 2007

Título original: *Past-Life & Karmic Tarot*

Traducción: *José M. Pomares*
Maquetación: *Olga Llop*
Diseño de cubierta: *Imelda Hernández Simón*

© 2004 by Edain McCoy
(Reservados todos los derechos)
Publicado en inglés por LLEWELLYN PUB.
Woodbury, MN55125 USA
www.llewellyn.com
© 2007 by Ediciones Obelisco, S.L.
(Reservados todos los derechos para la presente edición)

Edita: Ediciones Obelisco, S.L.
Pere IV, 78 (Edif. Pedro IV) 3.ª planta 5.ª puerta
08005 Barcelona – España
Tel. (93) 309 85 25 – Fax (93) 309 85 23
E-mail: obelisco@edicionesobelisco.com

ISBN: 978-84-9777-379-9
Depósito Legal: B-34.152-2007

Printed in Spain

Impreso en España en los talleres gráficos de Romanyà/Valls, S.A.
Verdaguer, 1 – 08786 Capellades (Barcelona)

Ninguna parte de esta publicación, incluso el diseño de la cubierta, puede ser reproducida, almacenada, transmitida o utilizada en manera alguna por ningún medio, ya sea electrónico, químico, mecánico, óptico, de grabación o electrográfico, sin el previo consentimiento por escrito del editor.

Edain McCoy

Tarot Kármico
y de las vidas pasadas

Prólogo de Mary K. Greer

EDICIONES OBELISCO

PRÓLOGO

Edain McCoy, al escribir sobre el uso del tarot para examinar las vidas pasadas y el karma, ha abierto un ámbito de exploración muy interesante y gratificante, tanto para la consulta personal del tarot como la profesional. Aunque usted no crea en vidas pasadas, puede utilizar este libro para explorar aspectos de sí misma, como los efectos de sus acciones en trabajos y relaciones anteriores o en otros lugares o estados mentales.

Posiblemente existan miles de personas que fueron Cleopatra o Aleister Crowley. No obstante, los personajes famosos pueden actuar como metáforas para las características y tendencias de la personalidad. También pueden aludir a complejos psicológicos, como sombras brillantes u oscuras (una sombra brillante representa las habilidades y dones que no reconoce en sí misma). Las vidas pasadas pueden representar fantasías o temores deseados, pero no manifestados, relacionados con las necesidades y los deseos individuales y, asimismo, pautas de relación difíciles de ver con claridad en medio de la miríada de detalles que agobian la vida diaria.

El karma se refiere a *hacer* o a la *acción* y es nuestra respuesta al deseo, la aversión y el apego. Cada acción tiene un resultado o consecuencia. Experimentamos estos resultados como destino, que finalmente forma el carácter y centra la voluntad. Desde un punto de vista psicológico, Carl Jung fue quien mejor lo expresó al decir: «Aquello que no enfrentamos en nosotros mismos, lo encontraremos como destino». El destino califica y limita aún más la acción, atrayendo hacia él determinadas experiencias. Volver a experimentar y comprender las pautas de los deseos y los apegos, nos ayuda a resolverlos. Las tiradas que contiene este libro han sido diseñadas para facilitar tal proceso.

McCoy nos ofrece sus definiciones de trabajo del karma y de las vidas pasadas y creo que podríamos explorarlos aún más preguntándole al tarot lo que Rachel Pollack ha llamado «preguntas sabias» (véase su obra *The Forest of Souls*). Así pues, le hice cuatro preguntas al tarot, extrayendo una carta para cada una de ellas del mazo de Rider-Waite-Smith.

La primera pregunta fue: «¿Qué es el karma?». La carta que extraje fue el Mago invertido. Me eché a reír al ver la carta principal de los arcanos mayores o grandes misterios, pues presenta el karma como el primer paso en el viaje del Loco. A ésta la llamo «la carta mí, yo misma y yo» y representa la voluntad y la intención individual, la causa y el efecto, en la medida en que el Mago dirige su voluntad para hacer que suceda algo.

Las inversiones son una forma de «destacar en rojo» una carta, que nos hace saber que no está funcionando automáticamente o como es habitual. Esta inversión sugiere que el karma puede tratarse de algo que va más allá del simple ego personal. Una persona inicia un acto o emprende una acción y, a partir de ese momento, es responsable de sus consecuencias y sus efectos. Es nuestro ego-sí mismo el que nos vincula al mundo de los apegos y de la ilusión de la magia. Los acontecimientos que experimentamos ni siquiera están determinados a menudo por nuestras acciones en esta vida. Son, más bien, una elaboración de las consecuencias de nuestras expresiones previas de deseo, voluntad e intención que ahora experimentamos como destino. El Mago se encuentra en un jardín, de modo que el karma puede ser el jardín que hemos cultivado previamente, incluidas las flores (las buenas acciones) y las espinas (las malas acciones), en cuyo marco tenemos que hacer funcionar las cosas en la vida actual. No obstante, conduce más allá del sí mismo separado y trasciende el ego. El karma no se puede resolver por medio de la voluntad. Lo inverso también nos recuerda que el karma funciona dentro de nosotros mismos y que es sutil y no evidente.

La segunda pregunta planteada es: «¿Cómo nos beneficia, en esta vida, el conocimiento de las vidas pasadas?». La carta que saqué fue el siete de espadas, invertida. En mi libro sobre las cartas del tarot invertidas dije que «podemos ser más prudentes debido al temor de que nos pillen» o, más específicamente, podemos evitar las consecuencias de acciones erróneas anteriores y sus efectos. Desde un punto de vista kármico, en realidad nunca dejamos de pagar. Al explorar las vidas pasadas, se revelan situaciones previas de falta de honestidad y engaños, lo que nos permite «limpiarlas» y experimentar remordimiento. *El libro completo de las inversiones del tarot* también dice: «Esto podría ser el regreso al escenario de algún incidente o el retroceder para retirar algo. Se pueden estar examinando acciones pasadas y viejas pautas, para determinar qué salió mal... [para] pedir perdón y experimentar el castigo por errores del pasado». Podemos revivir interiormente una acción del pasado y cambiar nuestra reacción interior, de modo que ya no tenga que manifestarse en esta vida. Así, nos desembarazamos del equipaje innecesario o, por utilizar la metáfora de la carta anterior, arrancamos las malas hierbas del jardín del Mago.

La tercera pregunta es: «¿Cuál es el propósito del karma?». El mazo meticulosamente barajado me volvió a presentar al Mago, invertido. ¡Qué increíble! Resulta que el propósito y la definición del karma son, apropiadamente, una sola y misma cosa. Tuve la sensación de que el tarot me estaba pidiendo que examinara más atentamente esta carta. Si el Mago se refiere normalmente a centrar las intenciones, quizá debamos invertir esto y no tener una intencionalidad tan decidida. Eso sugiere que tenemos que desprendernos de todo apego, tanto hacia aquello que deseamos como hacia aquello que creamos. También sugiere que, como individuos (conocidos como el microcosmos) servimos y, en último término, unimos en nosotros algo mucho más grande que nosotros mismos (el macrocosmos). El propósito del karma no es cultivar nuestros propios jardines, sino cultivar el jardín del Uno. Esto se vincula con el siete de espadas, ya que utilizamos las espadas para limpiar el jardín de todo aquello que hemos sembrado y para ser conscientes de todo aquello que cosechamos.

Mi última pregunta es: «¿Cuál es la mejor forma de resolver los temas de las vidas pasadas a través del tarot?». Extraje la carta de la Emperatriz, invertida. La insólita inversión de las cuatro cartas indica que globalmente el tema es sobre todo interior, personal y privado, antes que exterior, evidente y público. Señala la ansiedad que experimentamos por no saber las futuras consecuencias de nuestras acciones.

La Emperatriz, como Venus, representa el amor, la atracción y el apego. La Emperatriz invertida sugiere que debemos actuar al contrario de lo que nos indica su carácter atractivo y fértil. Los hindúes, que dieron lugar al concepto de karma, dicen que no deberíamos alimentar o promover el crecimiento, la fruición o los resultados sino, en lugar de eso, despreocuparnos por esas cosas. Esas enseñanzas afirman que debemos abandonar el fruto de nuestras acciones y renunciar a nuestros deseos, con objeto de alcanzar la libertad respecto de las consecuencias de nuestras acciones. Para dejar la rueda del renacimiento, tenemos que liberar la atracción seductora de Gea, la Tierra, la naturaleza y de todas las criaturas a las que ha dado la vida. Ésa es la libertad definitiva, aunque no sea algo con lo que estén de acuerdo todos los paganos. En Occidente, el proceso se centra antes en hacer buenas obras (como actos de amabilidad realizados al azar) y en dar satisfacción, lo que sirve para crear una existencia armoniosa en el planeta. Puesto que ésta es una carta de amor y de las emociones y aparece invertida, nuestra tarea consiste en discernir dónde hay emociones y necesidades no expresadas, para luego satisfacerlas con un amor incondicional. Una forma de saber que el karma ha sido resuelto satisfactoriamente consiste en darnos cuenta de que la emoción ya no aparece vinculada con un tema o persona determinados.

Este libro ofrece formas amables y, sin embargo, poderosas de explorar sus vidas pasadas y futuras, así como herramientas para iniciar el proceso curativo de resolver aquellos temas que surjan.

Mary K. Greer

INTRODUCCIÓN
El tarot y sus vidas pasadas

Los antiguos símbolos arquetípicos de las cartas del tarot pueden abrir muchas puertas hacia el sí mismo interior, incluidos todos nuestros sí mismos interiores que viven en el pasado o en el futuro. Gracias a nuestra percepción del tiempo como una fuerza lineal, aunque omnipresente, podemos examinar las cartas para contestar las preguntas kármicas que nos siguen de una vida a otra. Provistos de esas percepciones, podemos trabajar entonces para cambiar nuestras vidas, para mejorarlas, sin que importe dónde o cuándo tuvieron lugar.

No tiene por qué haber experimentado previamente una regresión a una vida pasada por medio de la hipnosis o ni siquiera sentir que ha experimentado un escenario determinado de una vida pasada en un sueño o a través de la meditación, para que las cartas trabajen en su favor. Las cartas tienen el poder de ayudarlo a descubrir dónde ha estado y hacia dónde se dirige, aun cuando no lo sepa.

Tampoco tiene por qué creer en el karma como un acto de equilibrar lo bueno y lo malo, que se transmite entre las vidas, para que las cartas lo ayuden a descubrir sus defectos y sus dones. Todos tenemos libre albedrío y podemos afirmar esa voluntad en cualquier momento en que así lo decidamos, para bien o para mal. Eso es algo que le sucede a todo el mundo.

Como una antigua «junkie» en una vida pasada, aquí es donde hago una excepción a la habitual visión lineal del karma de las vidas pasadas que nos enseña, esencialmente, que «todo aquello que se le hace a usted, se le hace porque antes usted se lo hizo a otra persona». Si la experiencia negativa de la vida de cada persona se basara en un mal acto cometido en una vida pasada, nos veríamos envueltos en una discusión de carácter circular carente de sentido. Por lógica, si todo aquello malo que nos sucede en una vida es el resultado de algo malo que hicimos en el pasado, entonces toda la humanidad habría vivido una vida en paz y armonía, antes de pasar a un plano espiritual superior de la existencia. Ésa es una visión muy estrecha e inexacta del karma. Es nuestro libre albedrío el que nos mantiene en la rueda de la deuda kármica. Tenemos que aprender a introducir correcciones respecto de los malos actos cometidos con otros para que nuestra sabiduría, o nuestra forma de pagar por lo malo, elimine el karma negativo, tanto si éste ocurrió en una vida pasada, como en la vida actual o en otra vida por venir.

Una visión estrecha del karma crea una mentalidad de «culpabilización de la víctima» que ignora el libre albedrío. La gente siempre ha cometido y siempre cometerá actos malos, sencillamente porque puede hacerlo. Durante el transcurso de una vida, empleamos muchos de nuestros recursos en protegernos, a nosotros mismos y a todos aquellos a los que amamos, del daño que causan esas personas.

El karma es una elección, no una predestinación. ¿Podría mirar usted a los ojos de un padre que ha perdido a su hijo y decirle que eso es el resultado de su propio karma negativo, que regresa para agobiarlo? ¿Puede mirar directamente a los ojos a una mujer joven diciéndole que la han violado debido a sus propias acciones pasadas, quizá de una vida pasada en la que ella misma fue una violadora?

Otra idea errónea sobre el karma es que una vez que está en su lugar, es ya una condena, sellada en sangre, que no se puede deshacer. Si usted comprende su karma, puede efectuar rectificaciones. Puede tomar el conocimiento adquirido sobre su vida pasada y convertirlo en acción positiva. La acción positiva crea sabiduría y la sabiduría es capaz de deshacer los lazos kármicos.

El karma no resuelto busca su mejor momento para hacer sentir sus efectos. Puede suceder mañana, dentro de un año, en esta vida actual o en una vida futura. Es posible que se tarden varias vidas en superar el karma o bien eso puede suceder con relativa rapidez, dependiendo de lo adecuadamente que pongamos en acción nuestro conocimiento.

Cualquier daño que haya podido causar hace cierto tiempo, o incluso ayer mismo, puede ser examinado por medio de las cartas del tarot; luego, tiene la posibilidad de efectuar correcciones que lo liberen de sus lazos. Para estar seguro de haber borrado por completo su deuda kármica, debería llevar a cabo otra lectura de tarot después de haber alcanzado la sensación de que ha equilibrado aquélla. La carta del resultado final de cualquier tirada debería proporcionarle una respuesta clara si usted posee conocimientos sobre las cartas del tarot que haya elegido y sobre sus significados.

Las vidas pasadas y el viaje de su alma

Olvide todo lo que se dice sobre la sabiduría de las almas viejas. Todas las almas son «viejas» y es a través de nuestra alma o sí mismo interior como nos mantenemos conectados con la telaraña de la existencia. Nuestros espíritus se entrelazan con los de todos los demás y lo que mueve un hilo de la telaraña produce vibraciones en la telaraña completa y nos afecta a todos. Podríamos argumentar incluso que, sin la fortaleza de la telaraña, todos nos encontraríamos empantanados y anulados por el karma.

Todos estamos conectados al nivel del alma de nuestro ser. No importa la forma que tengamos de percibir el funcionamiento interno de la reencarnación, lo cierto es que todos estamos vinculados. Lo mismo que sucede con las fichas de dominó, si una de ellas impacta sobre otra, todas las que estaban de pie caen.

Mi visión es que la vida funciona de este modo porque en lo más profundo, allí donde las cosas cuentan, no somos individuos. Somos cada uno de nosotros. Somos todos, pero, en esta vida (la vida de la que somos conscientes), mantenemos una relación con ciertas otras vidas cuyo karma y asuntos o lecciones pendientes provocan un impacto directo sobre nuestra vida actual. Al buscar información kármica o conocimiento sobre las vidas pasadas, solemos aterrizar en vidas anteriores específicas.

Carl Gustav Jung (1875-1961), el psicólogo del siglo XX, estaba convencido de que todos estamos conectados con un lazo etéreo que llamó «inconsciente colectivo», el cual conceptualizó como una gran biblioteca donde se guardan los registros de todos los tiempos, lugares, personas y acontecimientos. La energía de este colectivo se halla a disposición de cualquiera por medio de la hipnosis y son muchas las personas que han elaborado con éxito esta energía etérica para ayudarse a sí mismas y ayudar a otros.

Otro término utilizado para referirse a esta interminable biblioteca del conocimiento es el de «registros akáshicos», una compilación de todos los hechos, pensamientos, palabras y acciones de una entidad. A la información sobre la vida pasada que se relaciona directamente con su vida actual se puede acceder en estos registros por medio de un estado alterado de conciencia. *Akasha* es una palabra indostaní que significa «alma» o «espíritu».

El concepto de guías del espíritu, o ángeles guardianes, responde a una convicción que ha prevalecido en prácticamente todas las sociedades desde la prehistoria. En la actualidad, todavía tenemos chamanes indígenas y médiums espirituales que conectan con sus guías personales del espíritu para ayudarlos a entrar en contacto con las energías y entidades del otro mundo, o para ayudarlos a encontrar e interpretar las respuestas que buscan, ya sea dentro de sí mismos o en ese otro mundo.

Coordinación de los nombres de las cartas del tarot

Actualmente hay cientos de mazos de cartas del tarot y el acabado artístico de uno o más atraerá sin duda sus sentidos psíquicos. Aunque dispongo de varios mazos, casi siempre utilizo el tarot Rider-Waite (de U. S. Games).

Los nombres de las figuras de los veintidós arcanos mayores pueden diferir de uno a otro mazo, dependiendo de en qué se centran las cartas, aun cuando su significado arquetípico sigue siendo casi el mismo. Si sus arcanos mayores no son los mismos que los de mi mazo de cartas, utilice el valor numérico que se les da, para coordinarlo con mi mazo.

De este modo, todos podemos estar «leyendo la misma página» sobre las cartas de los arcanos mayores, sin que se produzca ninguna confusión.

0   El Loco
1   El Mago
2   La Papisa
3   La Emperatriz
4   El Emperador
5   El Papa
6   Los Enamorados
7   El Carro
8   La Fuerza
9   El Ermitaño
10 La Rueda de la Fortuna
11 La Justicia
12 El Colgado
13 La Muerte
14 La Templanza
15 El Diablo
16 La Torre
17 La Estrella
18 La Luna
19 El Sol
20 El Juicio
21 El Mundo

Los arcanos menores componen el resto del mazo de setenta y ocho cartas. Compruebe su mazo y cualquier folleto de instrucciones que lo acompañe para determinar la correspondencia entre palo y elemento. Eso le ayudará a afinar el elemento que gobierna el tema que plantea, basándose en sus afinidades y correspondencias, información con la que estarán familiarizadas las lectoras avanzadas. En general, se pueden clasificar en las siguientes categorías:

Tierra (*pentáculos, discos, monedas, piedras [femenino]*): abarca los temas del dinero, el empleo, el hogar, la satisfacción con la vida familiar.

Agua (*copas, cálices, calderos, conchas [femenino]*): abarca temas relacionados con el amor romántico, los hijos, la fertilidad, el embarazo, los misterios, los encuentros psíquicos, la muerte, las cuestiones espirituales, los sueños.

Fuego (*velas, palos, espadas, armas de filo [masculino]*): abarca temas de pasión, placer, valor, impulso, cambio, cólera.

Aire (*espadas, hojas de filo, plumas, lanzas [masculino]*): abarca temas de comunicación, estudio, maestros, estudiantes, actitudes caprichosas, viajes, viaje astral.

Los palos femeninos de los pentáculos y las copas indican introspección, pensamiento o sueños, mientras que los palos masculinos de las espadas y los bastos indican una acción o llaman a emprender la acción.

Cómo utilizar este libro

Todas las cartas de estas tiradas deberían leerse a medida que se ponen sobre la mesa, ya sea derechas o invertidas, a menos que se diga lo contrario. Leer las cartas invertidas puede ser un poco complicado. No pretenden indicarle que su respuesta es totalmente lo contrario de lo que indicaría la carta derecha. Sobre este tema, está disponible un libro muy bueno, titulado *El libro completo de las inversiones del tarot*, de Mary K. Greer (Llewellyn, 2002). Si tiene problemas para interpretar las cartas invertidas, este libro será una herramienta muy valiosa para sus crecientes habilidades con el tarot.

Las cartas deben cortarse a la manera tradicional: en tres montones hacia la izquierda, para luego recogerlas desde la derecha hacia la izquierda. Cualquier excepción será indicada. La única excepción general a este método de barajar y cortar es que lleve practicando desde hace mucho tiempo y ya utilice un corte no tradicional. Su propio método de cortar las cartas queda profundamente impreso en su mente y pone en marcha su subconsciente, preparándolo para un ejercicio psíquico. Cambiar su método a estas alturas no haría sino obstaculizar su tarea, en lugar de ayudarlo.

A menos que se indique lo contrario, no se utilizará ninguna carta significadora en estas tiradas.

Lea todas las cartas cruzadas o aquellas que puedan aparecer en una posición lateral como si hubiesen aparecido derechas. Ésta es una práctica habitual de lectura del tarot.

Aténgase a la tradición de no plantear la misma pregunta, o variaciones de la misma, más de tres veces en un mismo período de veinticuatro horas. El pasado, el presente y el futuro cambian constantemente a medida que los seres humanos ponen en juego su libre albedrío, para bien o para mal. El presente o el pasado pueden hallarse en un estado demasiado inconsistente como para llevar a cabo una lectura exacta en estos momentos, o bien su propia mente subconsciente puede tener miedo de saber la respuesta y esté bloqueando sus esfuerzos.

Si el significado de las cartas le parece nebuloso y tiene la sensación de que no guarda relación con las otras cartas, es posible que haya muerto usted en una vida pasada antes de lograr su propósito o que el resultado no esté lo suficientemente claro y le impida verlo en estos momentos de su vida actual. Si su lectura implica a mucha otra gente, es posible que alguna de esas personas pueda hallarse en un estado de confusión que entorpezca todavía más la lectura.

En caso de dificultades para situar la lectura en un período de tiempo específico, los palos pueden ayudarla a obtener una idea general de la época a la que ha llegado. Los períodos más antiguos se corresponden con las cartas de aire y los más recientes con las cartas de tierra. Considere cualquier abundancia de cartas de aire, fuego, agua o tierra como una indicación del período de tiempo en el que se desarrolló la vida que está examinando ahora; piense en términos de los pasados cuarenta mil años de la historia humana. Ésta no es una constante fiable, pero puede ser útil en algunos casos.

Utilice el mazo de cartas con el que se sienta más cómoda y cuyos símbolos despierten resonancias en usted. Esa conexión le facilitará el proceso de lectura de información sobre una vida pasada o futura que esté borrosa.

Si le agrada utilizar incienso para mejorar la concentración, el lila es la mejor elección. Desde hace ya varios siglos, se sabe que esta planta, su incienso y sus aceites ayudan a abrir lo que llamamos nuestros centros de «visión lejana». Otros inciensos adecuados para estos propósitos son el de sándalo y el de artemisa.

Este libro funcionará mejor para usted si cuenta ya con experiencia como lectora avanzada de cartas y está dirigido precisamente a practicantes de este nivel. No obstante, si quiere utilizar el tarot para explorar sus vidas pasadas, podrá encontrar aquí algunas percepciones, al margen de su nivel de experiencia.

Lo que ve una lectora avanzada

Cualquiera puede leer una carta por separado. Se necesita tener experiencia con las cartas para aprender a observar la gran imagen, especialmente cuando se refiere a un tema de la vida pasada o de carácter kármico, que puede haberse desarrollado a lo largo de varias de sus vidas pasadas.

Naturalmente, siempre debe tener firmemente en cuenta el tema o la cuestión que se plantea mientras baraja el mazo. En mi práctica, susurro mi petición en voz audible y la repito una y otra vez para mí misma, hasta que he terminado de cortar las cartas. Eso me ayuda a concentrarme exactamente en lo que deseo saber. Por ejemplo, si conoce una vida pasada concreta que desea explorar con mayor profundidad, añádala a su pregunta y utilice tanta energía visual como pueda mientras baraja, de modo que la psique pueda sintonizar con ese período específico de la vida en cuestión.

Una lectora avanzada hace mucho más que interpretar simplemente cada carta individual, ya que procura ver cómo se relacionan unas cartas con otras. Por ejemplo, un predominio de cartas de arcanos mayores significa situaciones que no se hallaron o no se hallan del todo bajo el control de quien plantea la pregunta. El predominio de cualquiera de los palos apunta a un conjunto de temas basados en las correspondencias elementales del palo que predomina.

Las cartas de corte pueden indicar a otras personas, pero también representan energías elementales que actúan a su favor o en su contra.

Asegúrese de observar hacia qué lado miran las figuras de estas cartas. ¿Se dirige la mirada hacia el exterior del centro de la tirada o hacia su corazón? ¿Señala otra carta que al principio no pareció importante, pero que adquiere un fuerte significado cuando se empareja con la carta de corte? ¿Parecen estar ofreciendo sus símbolos elementales a una figura de otra carta?

La sota, el caballo, la reina y el rey también representan a gente influyentes en su vida, incluida usted misma, o bien una energía o acontecimiento muy específicos. Estas cartas tienen una conexión directa con la carta contigua de la secuencia o con las dos siguientes. También puede llamar la atención hacia otra carta que usted pueda haber considerado poco importante.

Observe la dirección hacia la que mira la carta de corte. Eso cambiará cuando la carta aparezca invertida. La herramienta ritual que sostiene la figura también puede estar dirigiendo su atención hacia otra carta o secuencia de cartas. Preste atención a esas direcciones en relación con el tema principal de la lectura. Finalmente, observe cómo aparece la figura en su carta. ¿Aparece como lanzándose implacablemente a la carga, o está reclinada serenamente? ¿Está firmemente de pie en un lugar? Utilice estas claves para valorar cómo la persona, la energía o el acontecimiento representados se manifestó o se manifestará en su vida.

Algunas cartas que aparecen emparejadas o cruzadas con otras pueden intensificar las propiedades positivas fundamentales de la carta, o bien pueden indicar propósitos contradictorios, tirando de usted hacia dos direcciones diferentes. Son capaces de fomentar lo positivo o de empeorar lo negativo.

Recuerde que la carta de abajo es la raíz de cualquier problema o tema y puede hallarse fuera de su control. La carta cruzada está relacionada con las energías que usted y otras personas ponen en la rueda de la existencia, siempre en movimiento. Eso podría intensificar el significado de la carta de abajo o puede hacerla parecer de efectos desastrosos. En tal caso, tiene que iniciar una acción que lo ayude a corregir su dirección, de modo que sus cartas sobre la vida futura muestren lo que desea tener o ser, antes que el lugar hacia el que se dirige en caso de continuar con su curso actual.

Las cartas que aparecen invertidas no siempre implican lo opuesto del significado de esas mismas cartas que aparecen derechas. La mayoría de mazos del tarot contienen folletos de instrucciones que le indican algunas guías sobre el tema. La mejor forma de leerlas es hacerlo intuitivamente. Por ejemplo, ¿qué significa una lámpara cuando aparece boca abajo? ¿Qué ocurre si una carta invertida cambia la forma en que afronta e interacciona con las otras cartas que la rodean? ¿Cuál sería el resultado de la energía de una carta que se dirige hacia una dirección inesperada?

Lecturas de muestra, tiempo y género

Allí donde se incluyen lecturas de muestra, me refiero a la persona para la que se está llevando a cabo la lectura como «buscadora» o «sujeto». Para evitar las distinciones de género, elijo indistintamente el femenino o el masculino. En estas designaciones de género no hay nada que pretenda implicar que cualquier tirada o situación se aplica únicamente a un sexo y no al otro.

En la sección de descripción de cómo funciona cada carta de una tirada en relación con las demás, utilizo el «usted» y el «suyo» en caso de que sea usted el sujeto para el que está efectuando la lectura. En las lecturas de muestra, utilizo los términos «sujeto» o «buscador» y los designo al azar como masculino o femenino.

Lo que no nos dicen fácilmente las cartas del tarot es el género que tuvo el sujeto en una vida pasada y el período de tiempo exacto en el que vivió esa persona. Esa información tiene que hallarse a través de la intuición y del sentido común. Por ejemplo, si intuitivamente tiene la sensación de que su lectura se refiere a un período medieval y se centra en su trabajo o profesión, lo más probable es que se trate de un hombre. Si fuera una mujer, su papel laboral quedó normalmente limitado a dirigir un hogar, ayudar en el negocio familiar o trabajar como sirvienta.

Una vez que haya logrado hacerse una idea general del período histórico, puede sintonizarlo aún más eligiendo una carta significadora que lo represente a usted mismo. Baraje las cartas mientras se concentra en conectarse con el período de tiempo exacto, contando por décadas o siglos en sentido inverso. Empiece con el período de tiempo actual o con alguno que tenga sentido, en relación con la lectura que está haciendo, y cuente hacia atrás hasta que aparezca su carta significadora, que aparecerá cerca del período de tiempo adecuado.

Si fuera evidente que su vida pasada se desarrolló hace más de unos pocos siglos, empiece a retroceder décadas a partir de un punto en el tiempo que le parezca que tiene sentido, como por ejemplo 1700 o 1200. Luego, preste mucha atención a la imaginería onírica y a los augurios de la naturaleza, que se manifestarán para verificar y clarificar la exploración de su vida pasada.

Lleve buenos registros

Al empezar a explorar vidas pasadas, es esencial aprender a llevar unos registros claros y exactos de sus experiencias. Anote no sólo la lectura que hizo y qué cartas aparecieron, sino también la fecha, la hora, el lugar, la fase de la luna, las condiciones del tiempo y su estado general de ánimo. Todos estos aspectos pueden tener un efecto sobre lo que ve o cree ver en un momento dado. Asegúrese de añadir sus impresiones psíquicas o cualquier pensamiento intuitivo que surja en su mente durante la lectura. Estas impresiones pueden proceder de algún símbolo que contengan las cartas y que pone en funcionamiento sus recuerdos inconscientes, y a menudo es la única forma de estar seguros acerca del género y del período histórico en el que se desarrolló su vida pasada.

También querrá anotar aquellas secuencias de sueños que le parezcan vislumbres de sus vidas pasadas. El rico simbolismo del tarot pondrá en marcha estas respuestas oníricas y lo ayudará a lograr una imagen más clara de su pasado.

Repase sus notas cada mes. Una lectura del tarot que ayer no tuvo ningún sentido aparente, puede estar mañana tan clara y despejada como un cielo azul.

Para ampliar estudios

Puede encontrar, sin salir de casa, el mazo perfecto de cartas del tarot para usted, junto con las instrucciones adecuadas. Teclee la palabra «tarot» en cualquier motor de búsqueda y encontrará por lo menos cien mil lugares que venden, enseñan o analizan las cuestiones en torno al tarot. Algunas de las páginas web más completas y populares sobre el tema son las siguientes:

American Tarot Association
http://www.ata-tarot.com

Astarte's TarotWeb
http://handel.pacific.net.sg/~mun_hon/tarot/tarot.htm

Learning Tarot
http://learntarot.org

Tarot Cards Online
http://www.tarot-cards-online.com

Tarot Certification Board
http://www.tarotcertification.org

Tarot Decks
http://www.djmcadam.com/tarot.htm

Tarot Masters Network
http://www.tarotmasters.net

Tarot Passages
http://www.tarotpassages.com

Tarot Readers Directory
http://www.queenofpentacles.com/local/local.html

La siguiente información será de particular interés para los médicos y profesionales de la salud mental:

International Association of Past Life Therapists (IAPLT)
31500 Grape Street, # 3-210
Lake Elsinore, CA 92532
909-471-2217
http://www.pastlives.net

International Association for Regression Research and Therapies (IARRT)
P. O. Box 20151
Riverside, CA 92516

909-784-1570
http://www.iarrt.org

Podrá aprender las nociones básicas sobre el tarot en numerosos libros. Uno de los más accesibles es *Mastering the Tarot: Basic Lessons in an Ancient Mystic Art*, de Eden Gray (Signet, 1971), así como el de Ted Andrews, *How to Uncover Your Past Lives* (Llewellyn, 1992), que le enseñarán a llevar a cabo autorregresiones y a descubrir otras claves de sus vidas pasadas.

Otros dos buenos libros sobre los fundamentos básicos del autodescubrimiento son *Finding Your Answers Within*, de Dick Sutphen (Pocket Books, 1989), y *A Practical Guide to Past Life Regression*, de Florence Wagner McClain (Llewellyn, 1987).

Para estudiantes más avanzados del tarot y del trabajo relacionado con las vidas pasadas que todavía sientan la necesidad de recibir alguna ayuda que les permita perfeccionarse, véase *Destiny of Souls: New Case Studies of Life Between Lives*, del doctor Michael Newton (edición revisada, Llewellyn, 2000), así como *Tarot: A New Handbook for the Apprentice*, de Eileen Connolly (New Castle, 1990), así como la obra de la misma autora *Eileen Connolly's Tarot: The First Handbook for the Master* (New Castle, 1996).

Busque también en las librerías y tiendas de esoterismo, donde encontrará cintas de audio o CDs que pueden ayudarlo con la regresión hipnótica. La ventaja de su uso es que le enseñan a entrar con rapidez en un estado alterado de conciencia; la desventaja es que las preguntas que le plantean son genéricas y no conseguirá hacerse una imagen completa de una vida pasada, como sería el caso si efectuara la regresión por sí misma o si un compañero o compañera le indujera una regresión.

Ahora que ya hemos abordado los aspectos básicos y establecido un acuerdo, penetremos en un tiempo que no es un tiempo y que, sin embargo, contiene todos los tiempos, y permitamos que el tarot nos muestre los muchos aspectos de los numerosos sí mismos que hemos creado.

1
La tirada del pentáculo invocador

La tirada del pentáculo invocador es una de las más sencillas de este libro. Ha sido diseñada para ofrecerle una amplia visión de las facetas de su pasado, de los rasgos internos heredados que se combinaron para convertirla en lo que es en la actualidad. Es posible que esto no sólo abarque vidas pasadas, sino también incidentes de su vida actual que hayan creado efectos o karma que sigue sin resolverse.

El nombre de esta tirada procede de las cinco puntas de la estrella rodeada por un círculo, conocida como *pentáculo*. A principios del siglo XX, el pentáculo se convirtió en el símbolo adoptado por muchas de las sectas religiosas Wiccan, aunque su historia como símbolo espiritual es muy anterior a la de la Wicca moderna. El símbolo se ha descubierto en monedas europeas occidentales de dos mil años de antigüedad.

Representó los cinco estigmas de Jesús en los estandartes de los cruzados del siglo XII y todavía se puede ver adornando la cancillería de la elegante catedral de Essex, en Inglaterra.

En contra de la opinión más extendida, un pentáculo invertido no es un símbolo del mal, ni una puerta de entrada para la energía negativa (véase la FIGURA 1).

La gente malvada ha tomado el pentáculo, lo ha pervertido y utilizado para el mal, pero eso no le resta méritos como arquetipo de fuerzas positivas, del mismo modo que invertir un símbolo de cualquier otro camino espiritual no sería algo intrínsecamente malvado, a menos que se utilizara para el mal.

El sí mismo actual

Figura 1: El pentáculo invertido

El pentáculo invertido puede ser utilizado para muchas operaciones mágicas y místicas. En el caso de esta lectura del tarot, representa aquello que nos ha sido legado en la vida presente, procedente de otras vidas, como el símbolo de una especie de conglomerado kármico que nos convierte en lo que somos actualmente.

Baraje las cartas a su manera habitual, corte el mazo y luego extienda las cartas formando la pauta mostrada en la FIGURA 2. Léalas en el mismo orden en que las coloca, teniendo en cuenta que las energías que le están siendo reveladas pueden proceder de varias vidas pasadas y no sólo de una.

Carta 1

La primera carta de la tirada está relacionada con el elemento tierra y nos habla de nuestros sí mismos físicos, nuestra profesión u ocupación, nuestros animales, finanzas, hogares y familias.

Carta 2

Ésta es la carta del elemento agua y nos ofrece percepción sobre las fuerzas espirituales, intuitivas y psíquicas que se han combinado para convertirnos en lo que somos.

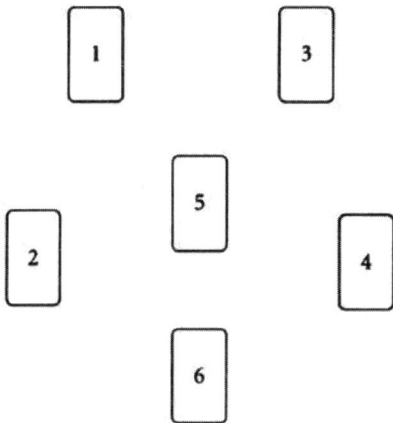

Figura 2: La tirada del pentáculo invocador

Carta 3

La carta 3 está gobernada por el elemento fuego. La energía del fuego es la de la pasión, el valor, el vigor y la transformación. Una carta fuerte en esta posición indica un cambio positivo; una carta débil indica un pensamiento anquilosado u obstinado.

Carta 4

Esta carta está gobernada por el elemento aire y se halla relacionada con nuestros pensamientos, estudios, intelecto y con los poderes de la comunicación. Los pensamientos y la comunicación mostrados por esta carta no son necesariamente verdaderos o correctos, pero forman parte de nuestro pasado y contribuyeron a producir las energías y acontecimientos que configuraron nuestro sí mismo actual.

Carta 5

Es la carta que representa su relación con el «quinto elemento» del espíritu. El espíritu es su centro interior, un lugar de su interior donde se encuentran y mezclan todos los otros elementos. Si una o más de estas energías elementales son débiles o excesivas, pueden arrastrarlo lejos de su lugar apropiado, de su centro espiritual que busca la orientación de su conciencia más elevada o de sus guías espirituales. Esta carta debería proporcionarle percepciones acerca de la mejor forma de conseguir tal propósito. En el caso de que su sí mismo actual no le agrade, tome medidas para efectuar cambios positivos. Utilice las cartas 1 a 4 como ayuda para indicarle aquellos aspectos en los que esté más necesitado de reequilibrio, y luego pídale el espíritu que lo ayude a encontrar el camino de regreso a su centro.

Carta 6
La carta 6 le ofrece una impresión general del sí mismo actual, tal como ha sido configurado por los cuatro elementos y el espíritu. Si está desequilibrado con respecto a estos elementos o si se ha alejado de su centro o espíritu, esta carta quizá parezca en un principio inconsistente con las demás. Muestre apertura hacia lo que trata de mostrarle. Si no la entiende hoy, a lo mejor la entenderá mañana o a la semana que viene.

Ejemplo de lectura

Carta 1: La Fuerza, invertida

En nuestro pasado físico, nuestro sujeto tuvo la oportunidad de desplegar fortaleza, tanto de cuerpo como de carácter, y de conocer los límites de esas fortalezas. En posición invertida, esta carta puede significar que permitió que los poderes del odio o de los celos lo consumieran y debilitaran. En *The Complete Book of Tarot Reversals*, Mary K. Greer escribe que, en posición invertida, la Fuerza puede indicar un tiempo en el que la persona se siente abrumada por la vida y por las fuerzas que parecen hallarse fuera del control de la buscadora.

Esta posición se halla relacionada con el elemento tierra, que nos fundamenta y estabiliza. Conectada con la carta 2, podemos ver una pauta surgida de vidas pasadas cuando la buscadora soñó demasiado, no emprendió acciones positivas, se negó a aceptar la propia responsabilidad y permitió que los temas cotidianos difíciles de la vida lo abrumaran con sus presiones.

Carta 2: Cuatro de espadas

En la posición correspondiente al elemento agua, encontramos una carta de reposo. Habitualmente, esta carta indica que se necesita más tiempo para la contemplación creativa, en lugar de dedicarlo a la ensoñación ociosa. El catafalco sobre el que se reclina la figura femenina, evoca la imaginería de la muerte que, en el tarot, indica la necesidad de un tiempo de cambio profundo para la buscadora. La felicidad futura de nuestro sujeto requiere tomarse el tiempo para examinar su interior y volver a valorar su vida y sus objetivos.

Carta 3: As de copas, invertido

Esta posición se corresponde con el elemento fuego, que anuncia la transformación como su poder dominante. En posición derecha, el as de cualquier palo representa una variedad de nuevos principios. En este caso, la copa aparece rebosante con una gran abundancia de amor, paz y buena suerte. Todas éstas serían transformaciones bien recibidas por cualquiera. Pero obsérvese que la carta aparece invertida, lo que permite que la energía de la transformación se derrame sin ningún control. Se aconseja prudencia para corregir este karma asumiendo la propia responsabilidad.

Carta 4: Siete de copas

Esta carta se encuentra en la posición gobernada por el elemento aire, que se relaciona con el pensamiento, el estudio y la comunicación. La carta del mazo que utilizo representa a una mujer joven sumida en ensoñaciones de riquezas, amor, fama, gloria y todas las buenas cosas de la existencia que los jóvenes suelen ver como posibilidades para sus vidas.

Al hallarse en la posición correspondiente al aire, es una carta de pensamiento, pero indica que esos pensamientos se hallan diseminados y que la energía personal se despilfarra en cosas que, en último término, no harán más feliz al sujeto. Es una indicación de que el hilo kármico ha llegado hasta la vida actual de nuestro sujeto porque dedicó demasiadas energías a la ensoñación y no se comunicó lo suficiente en cuanto a sus deseos y necesidades, además de no haber emprendido acciones para lograrlos. La visualización creativa es una herramienta poderosa para el cambio, pero no puede funcionar sin un fuerte apoyo del soñador en el mundo físico en el que se encuentra.

Carta 5: Seis de espadas

El llamado «quinto elemento» es el espíritu. Su poder estriba en que reúne y aglutina todos los demás elementos en una sola unidad funcional.

El seis de espadas en esta posición representa a un joven que navega en una embarcación con forma de cisne, dirigiéndose hacia una orilla distante. En la mitología céltica, las aves, las grullas y los cisnes en particular, representan la transición hacia la otra vida o el reino del otro mundo, donde se puede alcanzar la sabiduría de las divinidades.

En muchos mazos del tarot, la figura masculina aparece supervisada por una figura transparente y sombreada, envuelta en una capa con capucha levantada, que guía la embarcación.

La interpretación más habitual de esta carta es que ha llegado el momento de buscar los dones del espíritu, antes que los de las cosas terrenales. En esta transición a un estado más elevado de conciencia, podemos encontrar sabiduría, pero antes tenemos que confiar en el poder del espíritu para que nos conduzca en la dirección correcta, aun cuando deseemos viajar hacia otra parte.

Carta 6: El Colgado

Es la carta perfecta para terminar esta tirada de muestra. El Colgado representa todas aquellas cosas que son estáticas dentro y alrededor de la vida de la buscadora. Si se examina atentamente la carta, se verá que el ahorcado no parece estar sufriendo, y que tampoco tiene atadas las manos y los pies, de modo que no pueda «descolgarse» si así lo decidiera.

El pensamiento cuidadoso y la búsqueda de una elevada conciencia o de las divinidades, para que nos ayuden, es la única forma de romper este ciclo de inacción, que es el vínculo kármico dominante en esta tirada de muestra.

Otras indicaciones

La interpretación general de esta tirada es que usted conserva todavía muchos pequeños vínculos kármicos que le impiden lograr el impulso hacia adelante, el cual necesita para seguir creciendo en sabiduría y en espíritu. El mensaje consiste en buscar dentro de sí mismo, así como en su sí mismo superior y en los ayudantes del espíritu para que lo conduzcan por un camino más positivo.

Tirada alternativa

Si desea explorar con mayor profundidad cualquiera de estos elementos kármicos, utilice la carta que representa su tema kármico como una carta significadora y úsela como el fundamento de cualquier otra tirada simple sobre la vida pasada que encuentre en este libro. Centre su objetivo en comprender este aspecto específico de su pasado. Su nueva tirada debería proporcionarle percepción sobre su tema específico con cada elemento y su vínculo kármico.

2
La tirada de la Luna oscura

Esta tirada se llama así por la Luna oscura o nueva, refiriéndonos a las tres noches durante las cuales no aparece siquiera un atisbo de brillo lunar en el cielo oscuro. La Luna, especialmente cuando se encuentra en la fase oscura, representa aquellas cosas que están ocultas y lanza una advertencia a aquellos que se preocupan por escuchar sus sutiles murmullos. La tirada de la Luna oscura sólo utiliza cuatro cartas, pero son suficientes para mostrarle lo que está oculto para usted en términos de karma de una vida pasada y cómo ese karma se manifestará si continúa por el mismo camino que sigue en su vida actual. Los nódulos del norte y del sur de la Luna han sido relacionados por los astrólogos con la exploración de las vidas pasadas. El nódulo sur representa el pasado y el nódulo norte el futuro. En el centro se halla el sí mismo actual y su karma oculto.

Baraje y corte las cartas según su costumbre y luego extiéndalas tal como se muestra en la FIGURA 3, siguiendo los números de la ilustración en el momento de colocarlas delante de usted.

Carta 1
Esta carta representa un gran tema o acontecimiento de una vida pasada que permanece sin resolver en su vida actual.

Carta 2
Representa algo que está oculto en su vida actual, relacionado con el incidente de la carta 1, en la que se detectó una gran deuda kármica.

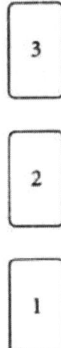

Figura 3: La tirada de la Luna oscura (primera parte)

Carta 3

Esta carta muestra el resultado de este tema kármico oculto en el caso de que continúe con su vida actual, sin cambiar su curso. Si esta carta muestra un buen resultado, es posible que ya se esté dirigiendo hacia el camino de la sabiduría, gracias al cual se eliminará el karma negativo.

Si el resultado de la lectura de la carta no fuese agradable, quizá desee dedicar un poco más de su tiempo y de su energía para averiguar de qué trata ese karma oculto. Si observara un mal resultado, y sólo en el caso de que fuese inaceptable para usted, extraiga la carta siguiente del mazo y colóquela encima de la carta 2, tal como se muestra en la FIGURA 4.

Carta 4

Si ha extraído una cuarta carta, quiere decir que el resultado anterior tiene que haber sido indeseable para usted. La carta 4 puede mostrarle cómo superar su deuda kármica en esta vida, orientándolo hacia los cambios positivos que puede introducir a partir de ahora mismo.

Una vez que haya tenido la oportunidad de intentar esos cambios positivos, debería volver a probar con esta tirada para ver si el resultado es algo mejor, o bien si necesita introducir más cambios en su rumbo actual para llevar la vida que desea.

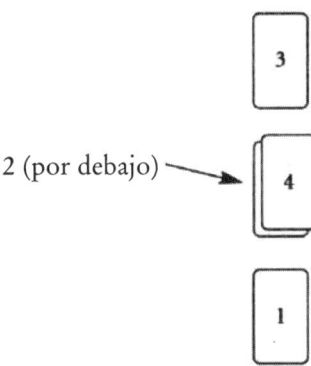

Figura 4. La tirada de la Luna oscura (segunda parte)

Ejemplo de lectura

Carta 1: Cuatro de pentáculos

Ésta es la carta del mísero. Observe los pies firmemente posados sobre el dinero simbólico y la forma ávida y acaparadora con la que sostiene un pentáculo contra su pecho, como atesorándolo. Observe también que está sentado a solas, en un rincón sin adorno alguno de un lugar que se ha preparado él mismo, mientras el resto del mundo mira por encima de él. Nuestro mísero está tan concentrado en acumular sus riquezas que no puede ver o interaccionar con los demás, lo que no hace sino acumular un karma negativo.

Según la autora británica Elen Hawke en *Praise to the Moon* (Llewellyn, 2002, pág. 31), el nódulo sur de la Luna, representado por esta carta, se halla vinculado con la energía de Saturno, un planeta al que los astrólogos llaman a veces «el planeta del autodeshacer». En otras palabras, sea cual fuere la raíz del problema kármico, se lo ha creado el propio sujeto, y sólo él puede compensarlo o corregirlo.

Carta 2: El Juicio, invertido

Cuando el Juicio aparece invertido, no es la falta de juicio a lo que nos enfrentamos, sino a la debilidad interior, que mantenemos reprimida con tanta frecuencia que ni siquiera somos conscientes de ella. En esta posición, la carta, en relación con la carta 1, indicaría que el karma oculto sobre el que hay que trabajar podría estar relacionado con el egoísmo o la intolerancia. Esto constituye una advertencia para el sujeto de que ha llegado el momento de dejar de ocultarse en un rincón. Lo que necesita es entregarse al resto del mundo, interacciona con los demás, compartirse a sí mismo, al igual que sus bienes materiales.

Carta 3: Nueve de espadas

Ésta es la carta de las torturas interiores, muchas de las cuales nos las creamos nosotros mismos; se producen porque la persona buscadora ha permanecido demasiado absorta en sí misma y ha olvidado que hay todo un mundo de personas que la necesitan, así como los dones que puede compartir con ellos. Es posible que no sea consciente de ello, pero necesita también a los demás y sus dones, tanto tangibles como intangibles, en la misma medida que los demás necesitan los suyos.

Éste no es el escenario de un buen resultado: el sujeto querrá cubrir la carta 2 con la siguiente a extraer del mazo (la carta 4, tal como se ve en la FIGURA 4), que le indicará cómo ayudarse a sí mismo para superar este problema kármico.

Carta 4: Cinco de pentáculos

En un principio, esta carta puede parecer peor que ningún otro elemento de la tirada original. Tenga en cuenta, sin embargo, que su propósito consiste en ayudar al sujeto a iluminar lo que está oculto para él. Examine la carta y decida cómo superar el karma que no haya sido despejado.

En este ejemplo, puede estar animando al sujeto a ayudar a los que no tienen casas, a los que tienen hambre o están desposeídos. Quizá pueda considerar la posibilidad de dedicar una parte de su tiempo o de su dinero a un albergue para los sin techo o a un proyecto de cocina popular. También podría sacar la mayoría de las cosas que guarda en su armario y donar todo aquello que no utilice y que esté en buenas condiciones a una organización local de caridad.

Otras indicaciones

Observe que en esta lectura predominan los pentáculos. Los pentáculos son de naturaleza femenina e introspectivos, se hallan gobernados por el elemento tierra y están relacionados con las necesidades básicas. En general, tanto los pentáculos como las copas, el otro palo femenino, requieren a menudo que dirijamos una profunda mirada hacia nuestro propio interior antes de tomar una decisión. Por el contrario, si esta lectura hubiera estado dominada por los dos palos masculinos de las espadas y los bastos, habría significado un llamamiento a la acción, a salir y no a mirar hacia el interior para resolver el problema. Naturalmente, cualquier acción emprendida exigirá de reflexión previa, pero cuando es un palo masculino el que domina una lectura, la clave se encuentra en la acción.

En la mayoría de mazos, la carta del Juicio representa a una persona, una criatura o un grupo de seres que se elevan hacia una vida renovada. En esta lectura, la carta del Juicio aparece invertida, lo que indica falta de voluntad para realizar las tareas que se necesitan a fin de cambiar el resultado. Anime al sujeto a destinar tiempo a la introspección para descubrir por qué no experimenta la voluntad de darse a sí mismo ese tiempo. Ocasionalmente, puede haber una razón justificable, como haber estado enfermo o la necesidad de usar toda su energía personal para curarse. O quizá la persona buscadora se haya visto agobiada por temores irracionales. En otras ocasiones, no hay excusa y, para evitar el destino solitario del mísero, el sujeto necesitará cambiar el curso de su vida.

3
La tirada de la cruz irlandesa

En esta tirada, la cruz irlandesa no aparece montada como la cruz céltica, sino que se trata de una variación de la cruz conocida en la actualidad como la cruz de santa Brígida, que fue tomada a su vez de la popular y poderosa divinidad femenina irlandesa Brighid.

Estas cruces de paja entrelazada se asemejan a radios de la rueda que gira permanentemente y que representa a la eternidad, los ciclos de la vida, el cambio y la rueda del año.

Las cruces de paja entretejida y las filigranas incrustadas en joyas exquisitas son recuerdos populares de muchos que han viajado a la isla Emerald (véase la FIGURA 5).

Los aspectos clave para recordar de esta tirada son los siguientes:

1. Lea todas las cartas en posición derecha, al margen de cómo caigan cuando les dé la vuelta. La única excepción será la carta 1, que debe leerse tal como caiga.

2. Lea la carta 2, la carta de cruce, como una carta que aparece derecha.

3. Recuerde que el brazo de la cruz que representa la vida futura es el único aplicable a usted si mantiene el curso actual de su vida, sin aprender nada de su pasado. El futuro es lo que haga con ello.

Una vez que haya dispuesto de algo de tiempo para contemplar e introducir cambios positivos, efectúe de nuevo esta lectura para exa-

Figura 5: La cruz de santa Brígida, de paja entretejida

minar cambios en el futuro. Eso lo ayudará a saber si está siguiendo el curso correcto para su futuro, si tiene que introducir más cambios o bien si está indicado un tipo de cambio diferente.

Baraje las cartas como haga habitualmente y vaya depositándolas tal como se indica en la FIGURA 6. Si las cartas 3 a la 10 cayeran en posición invertida, vuélvalas del derecho antes de empezar a interpretarlas.

Carta 1

Esta carta indica el gran tema de su vida pasada que está afectando a su vida actual.

Se trata de un tema que tiene que superar para encontrar descanso en su vida actual y para que sus vidas futuras se vean transformadas en aquello que desea que sean.

Recuerde que ésta es la única carta de esta tirada que debe leerse en posición invertida *siempre* que la carta caiga naturalmente en una posición invertida.

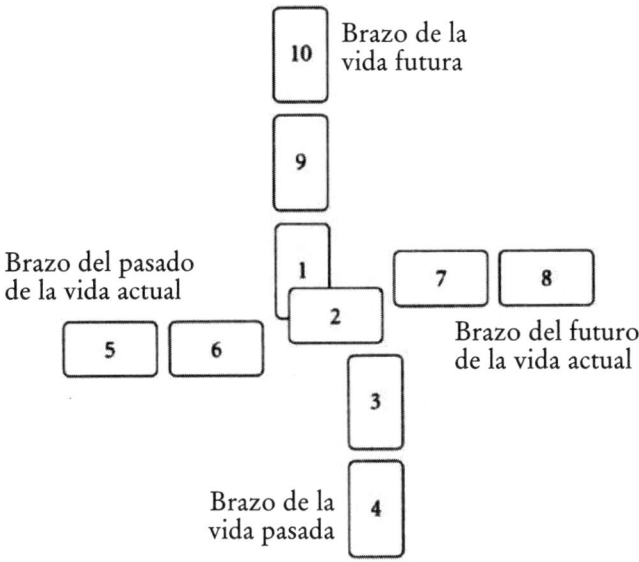

Figura 6: La tirada de la cruz irlandesa

Carta 2

La carta 2 es la infame carta de cruce que representa una energía, un tema o una persona que contrarresta o estimula los rasgos kármicos de la primera carta.

Las cartas de cruce se leen siempre como si hubiesen aparecido derechas.

Carta 3

Ésta es la primera carta que indica con qué clase de karma tiene que habérselas en su vida actual para asegurarse una vida feliz, tanto en su encarnación actual, como en las futuras.

Carta 4

Esta carta muestra lo que hizo o dejó de hacer correctamente en el pasado y que provocó los actuales desequilibrios internos.

Carta 5

Esta carta muestra un tema o una época de su vida pasada actual que inició o lo preparó para iniciar las repercusiones kármicas mostradas en todas las cartas anteriores. No tiene por qué ser de naturaleza negativa, sino que podría mostrarle el karma positivo que creó y que regresa hacia usted.

Carta 6

La carta 6 continúa la historia iniciada en la carta 5. Éste es el tema o acontecimiento que está pasando ahora o que ha pasado hace poco en su vida actual, dejándolo al borde de elaborar los temas kármicos mostrados en las cartas 1 a la 4.

Carta 7

Esta carta muestra el futuro cercano de su vida actual. Quizá tenga ya la sensación del impacto que está produciendo el karma ahora mismo, a medida que esta energía avanza para situarse en el primer plano de su vida.

Carta 8

La carta 8 amplía un poco más el futuro, prediciendo cómo responderá al conocimiento previo obtenido de la carta 7. Una vez más, sin embargo, éste no tiene por qué ser un tema negativo, ya que puede mostrar un karma positivo que regresa a usted en forma de una recompensa. También puede ser indicativo de un ángulo muerto en su pensamiento. Tómelo como una advertencia de la necesidad de abrir su corazón y ampliarlo para abarcar todas las posibles soluciones creativas.

Si no se siente a gusto con las energías representadas en las cartas 7 y 8, debe recordar que cuenta usted con el control de su futuro. Posee el don divino del libre albedrío y puede introducir cualquier cambio que realmente desee hacer. Si no pudiera efectuar cambios, de nada serviría leer el tarot o llevar a cabo cualquier otro tipo de adivinación. Este conocimiento previo tiene la intención de ayudarlo a efectuar cambios positivos y no indicarle un desenlace predestinado.

Carta 9

Esta carta representa los primeros años de una vida futura en la que el tema kármico mostrado por la carta 1 se manifestará si la deuda no se resuelve en su vida actual.

Carta 10

Esta carta representa la última parte de su vida actual y muestra cómo el karma iniciado en una vida pasada seguirá persiguiéndolo si continúa por su camino actual. Si las cartas 9 y 10 son positivas y no observa nada negativo en las cartas 7 y 8, es muy posible que ya haya empezado a recorrer un camino para corregir los problemas kármicos originales. En caso contrario, se le ha advertido ahora de que debe superar el mal rasgo, hábito, aspecto de su personalidad o actitud que dirigirán las cartas de su vida futura en la dirección deseada.

Ejemplo de lectura

Carta 1: La Justicia, invertida

Recuerde que la carta 1 es la única de este mazo que debe leerse en una posición invertida siempre y cuando haya salido naturalmente así del mazo.

En cuanto a las demás cartas, debe ponerlas todas del derecho para tratar de captar una impresión general de esta lectura.

Habitualmente, la Justicia invertida no se relaciona con litigios o batallas legales, sino que expresa una personalidad desequilibrada. ¿Ha oído expresar alguna vez el término «las espadas de la justicia»? En el mazo que utilizo, la mano derecha de la Justicia sostiene una espada que señala hacia arriba. Ése es un signo de actitudes positivas y de una vida bien equilibrada.

Si la Justicia hubiera aparecido derecha, habría indicado una vida de equilibrio, desprendimiento y honestidad en los tratos del sujeto consigo mismo y con los demás.

La Justicia invertida indica mezquindad, estrechez de miras, prejuicios, frivolidad, falta de honestidad y engaño.

Carta 2: El Papa

Todas las cartas cruzadas de cualquier mazo se tienen que leer como si hubiesen aparecido derechas. La primera es el Papa. Se trata de un adulador, de alguien que agrada a la multitud, que se basa en proyectar una imagen falsa, para que nadie descubra al manipulador que hay dentro de él. Naturalmente, tanto si esto es otra señal de desequilibrio en la vida como si no, está claro que el sí mismo interior y el exterior no son compatibles entre sí, al menos en este momento. Tales desequilibrios producen profundas tensiones sobre el cuerpo y el alma y, si el sujeto viviera su vida exterior como una mentira, esta deuda puede ser difícil de superar porque se habrá convertido en un hábito.

Carta 3: Dos de espadas

Ésta es la carta de la primera parte de una vida pasada que continúa creando y alimentando el karma negativo mostrado en las cartas 1 y 2. El dos de espadas nos presenta otra imagen de la justicia, una imagen que es ciega a los prejuicios. La Luna brilla sobre la cabeza de la figura central, lo que indica un sí mismo interior que se ve afectado por un problema kármico y que continúa alimentándolo con energía negativa. También indica la necesidad de echar un vistazo al sentido de lo correcto y de lo incorrecto del sujeto y cómo eso se manifiesta o no en su vida actual.

La figura ciega de la carta aparece sentada en el centro de unas rocas que forman un pequeño trono, al borde de un océano. Para el pueblo celta, los lugares situados entre otros lugares, que no pertenecen claramente ni a uno ni a otro, actúan como tiempos intermedios. Son lugares potentes para la magia o la transformación. Esta carta indica que hubo un tiempo en el pasado en el que el sujeto estuvo equilibrado consigo mismo, en el que no tuvo prejuicios y vivió en armonía con su sí mismo exterior.

Carta 4: Cinco de espadas

Esta carta representa la parte posterior de la vida en la que el karma indicado por esta tirada se adhirió al sujeto. Es la carta de alguien que disfruta empequeñeciendo a los demás para poder sentirse superior. También puede indicar robo o victoria sobre otros por medio del engaño o de la falta de honestidad, acontecimientos que, por alguna razón, nunca perturbaron con anterioridad la conciencia del sujeto.

Carta 5: Caballo de espadas

Esta carta representa un tiempo anterior en la vida actual del sujeto, un punto en el que el karma negativo al que se refiere esta tirada empezó a ponerse de manifiesto. Es la carta de alguien que se implica en situaciones con muy poca o ninguna reflexión previa, a menudo en perjuicio propio. También puede representar una energía o persona exterior que lo está conduciendo de regreso al camino del karma negativo, o puede indicar que la buscadora nunca llegó a aprender las lecciones de las cartas 3 y 4 en su vida pasada.

Carta 6: Cuatro de copas

El cuatro de copas es la carta de la buscadora que no es lo bastante sabia como para captar la totalidad de la imagen. Lo único que puede ver son fragmentos. Parece estar tratando de elegir el menor de tres males de las copas de bronce que aparecen ante ella. Si dejara de fruncir el ceño respecto de sí misma y de recrearse en la autocompasión, vería la copa dorada que se manifiesta por detrás de ella, ofreciéndose como la solución perfecta a su problema.

Lo único bueno de las cartas 5 y 6 es que se hallan por detrás de nuestro sujeto o desaparecen de su vida justo ahora.

Carta 7: Siete de pentáculos

¿Hacia dónde va esta energía que pasa? Conduce al sujeto hacia el futuro inmediato de su vida actual, tal como se relaciona con sus temas kármicos. Indica que encontrará dentro de poco satisfacción en su vida laboral y familiar.

Carta 8: Ocho de espadas

Lamentablemente, la calma y la paz de la carta 7 no tardarán en pasar. A medida que nuestro sujeto avanza hacia el futuro de su vida actual descubrirá que su karma negativo lo ata, literalmente, manteniéndolo inmovilizado en una trampa que él mismo se ha preparado y de la que no parece haber forma razonable de escapar.

Ahora, examinemos más atentamente esta carta. Obsérvese la figura solitaria que está de pie al borde de un océano. Aparece cegada y con los brazos atados. En un principio, parece hallarse atrapada allí donde está. Pero veamos ahora sus pies. No están atados, sino que aparecen libres. Con valor, podría dar los primeros pasos para alejarse de su karma negativo, acumulando el valor suficiente para lanzarse y dar un paso hacia adelante. Delante de ella hay un camino claro que regresa a terreno sólido.

En esta tirada, esta carta indica la necesidad que tiene la buscadora de actuar, tomar una decisión y, luego, dar un salto de fe por el bien de su alma.

Carta 9: La Torre

La Torre muestra que todos los planes de grandeza que han estado acosando al sujeto durante tantas vidas se van a desmoronar en el caso de que no se lleve a cabo un cambio positivo inmediato. La Torre representa planes y esquemas condenados al fracaso antes siquiera de ser iniciados, debido a que el corazón todavía abriga una cierta alegría por el egoísmo y un espíritu mezquino y competitivo que lo ha venido siguiendo desde su vida pasada.

Carta 10: Cinco de copas

Ésta es una carta de la pena innecesaria, de lamentar en vano una pérdida del pasado. Lo único que puede ver esta figura que parece lamentarse son las tres copas volcadas que hay delante de ella. No se le ocurre levantar la cabeza y mirar a su alrededor, donde podría descubrir las dos copas llenas que están al alcance de su brazo. El egoísmo y la cortedad de miras harán que el karma siga creciendo, para regresar una y otra vez, hasta que el sujeto consiga ver la imagen completa.

Le advierte de que no debe ver lo que ha perdido, sino lo que puede encontrar una vez que tenga la voluntad y el valor para dar ese salto de fe.

Otras indicaciones

Para evitar una vida futura de pena innecesaria, se aconseja al sujeto hacer caso de las advertencias mostradas en las cartas 7 y 8. Estas advertencias se harán realidad en el futuro de su vida actual. Éste es el momento de hacer un cambio positivo que no sólo afectará a su vida actual, sino también a la futura.

En este caso, da la impresión de que el sujeto necesita aprender a ser humilde y a compartir. Pensar en ello no lo ayudará a cambiar nada; tiene que llevar a cabo acciones concretas. Pensar puede aportarle conocimiento, pero no puede superar el karma por sí solo. Únicamente el enfoque de la experiencia concreta le aportará la sabiduría capaz de equilibrar el karma.

Si las cartas 7 y 8 no agradan al sujeto, anímelo a tomar alguna decisión ahora acerca de cómo desea efectuar el cambio. Empiece por poner en práctica los cambios tan pronto como le sea posible. Ésta no es una solución a corto plazo de los problemas kármicos, sino un verdadero compromiso de cambiar permanentemente para mejorar.

Una vez que el sujeto haya podido disponer de algún tiempo para elaborar los cambios (actitudes, temores, celos, posesividad, cólera o enfermedades crónicas), efectúe de nuevo la lectura utilizando sólo las cartas 6 a 10. La carta 6 le permitirá echar una nueva mirada a lo que está pasando o ha pasado recientemente en su vida, mientras que las cartas 7 y 8 le mostrarán su futuro probable en el caso de que siga por este nuevo camino. Las cartas de la vida futura también deberían mostrar un resultado positivo en relación con este tema kármico.

4
La tirada del sello de Salomón

La tirada del sello de Salomón parece sencilla, pero es en realidad una de las más difíciles de aprender a leer. Si todavía no tiene habilidad para examinar agrupamientos de cartas y para comprender el mensaje general presente tras ellas, tendrá problemas para captar todo el significado de esta lectura. Afortunadamente, ésta es una habilidad que puede aprenderse.

El ejemplo de lectura que aquí se presenta puede ayudarlo a empezar. También le recomiendo, como herramienta de autoenseñanza, el libro de Dorothy Kelly, *Tarot Card Combinations* (Weiser, 1995).

Esta tirada muestra las influencias elementales sobre los temas de su vida pasada.

La formación del Sello de Salomón contiene los cuatro símbolos alquímicos de los elementos (véase FIGURA 7) que, en conjunto, constituyen la totalidad de nuestro ser. A través de esta tirada podrá ver un tema unificado que atraviesa toda su vida actual y que procede directamente de una vida pasada estrechamente relacionada con ella.

Baraje y corte las cargas y luego extiéndalas de acuerdo con el modelo que se muestra en la FIGURA 8. Aunque la tirada se hace según los triángulos contenidos dentro de la figura, las cartas no se leen en el mismo orden y muchas de ellas tienen que leerse más de una vez.

Estos diferentes agrupamientos pueden cambiar el significado de cualquier carta individual.

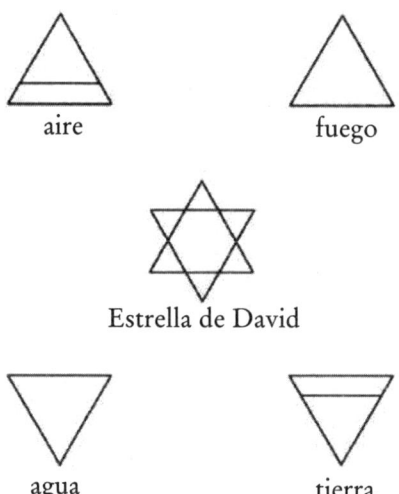

Figura 7: Las complejidades del sello de Salomón

Carta 7

Ésta es la primera carta que hay que examinar. También será la última carta que analizará en esta tirada. Serán las únicas ocasiones en que se debe leer esta carta. La carta 7 representa el tema central de las dos vidas, la actual y la del pasado estrechamente relacionada con la actual, sobre la que busca información. El tema no tiene por qué ser kármico; puede ser espiritual, referirse a las relaciones sentimentales, la familia o su carrera profesional.

Si el tema no le quedara claro de una forma inmediata, quizá prefiera tomarse un tiempo para meditar sobre esta carta y obtener así una mejor idea de lo que está tratando de decirle. Asegúrese de contar con una impresión clara de la carta en su mente, incluidos los colores elegidos por el artista que la diseñó y todos los símbolos e imágenes del fondo.

Cartas 1, 2, 3 y 8

El triángulo superior, con la línea horizontal que lo bisecciona es el símbolo alquímico de la tierra. Por eso se leen las cartas del triángulo superior y una de las cartas que lo biseccionan. La tierra es un elemento femenino y, en consecuencia, leemos la carta bisecciona-

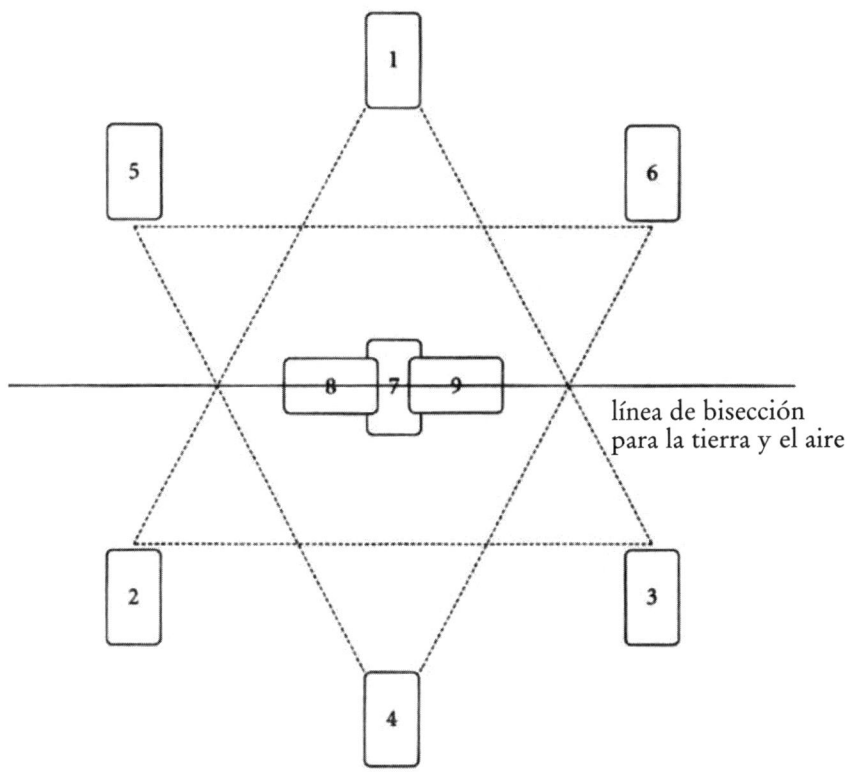

Figura 8: La tirada del sello de Salomón

da de la izquierda; se considera que la izquierda es una dirección femenina, en comparación con la derecha, clasificada como masculina en la naturaleza. Las cartas 8 y 9 tendrán una influencia más directa sobre el tema central porque pertenecen a la tierra y el aire, que son los elementos más denso y más ligero, respectivamente. Estos dos elementos son los que conectan, simbólicamente, las dos vidas que está usted examinando.

El elemento tierra se corresponde con su vida de hogar, familia, animales domésticos, finanzas, empleo y estado general de salud.

Cartas 1, 2 y 3

El triángulo superior, sin la línea que lo bisecciona, es el símbolo alquímico del agua, el otro elemento femenino. El agua se corresponde con su vida emocional, el amor, los idilios, la paz, el psiquismo, las asociaciones, los sueños, la amistad y el sí mismo interior.

Puesto que el sí mismo emocional del agua contrasta con el sí mismo externo exhibido por la tierra, tendrá que leer el triángulo del agua como si cada carta estuviera en posición invertida con respecto a la posición original en la que recayó. Por ejemplo, si la carta 2 cayó invertida en la lectura original, ahora deberá leerla como si estuviera en posición derecha. Si estuvo en posición derecha en la lectura original, ahora tendrá que leerla como si hubiera caído invertida.

Cartas 4, 5 y 6

Estas cartas constituyen el triángulo de fuego, el elemento de la transformación, la pasión, el placer, el valor, la guerra, la tenacidad, la fortaleza y el impulso. Léalas tal como hayan caído, interpretándolas no sólo como cartas individuales, que se relacionan con la carta 1, sino también como un grupo.

Por ejemplo, ¿pertenecen todas las cartas a un mismo palo? ¿Se relacionan todas con una energía similar? ¿Pertenecen todas ellas a los arcanos mayores? Todas éstas son claves acerca de cómo conectan las cartas su vida actual con una vida pasada con la que está estrechamente relacionada.

Cartas 4, 5, 6 y 9

El triángulo derecho biseccionado es el emblema del elemento aire. El aire gobierna su intelecto, los estudios, las comunicaciones, los viajes y su conexión con el sí mismo superior, que lo vincula con las divinidades.

Carta 7

Una vez realizada la lectura elemental, tendrá que intentar relacionar toda la información, desde las cartas individuales a los agrupamientos de cartas, con la carta 7, que representa la preocupación principal de la vida pasada que está indagando.

Ejemplo de lectura

Carta 7 (carta temática): Cuatro de bastos

El cuatro de bastos representa la asociación y, más específicamente, la asociación romántica.

Es una buena suposición pensar que esta lectura se va a centrar en una persona significativa de una vida pasada del sujeto. En mi mazo, se muestra a la pareja bailando juntos bajo una *chupah* o entoldado matrimonial judío, que representa el hogar y la paz de la mente que deberían surgir de esta asociación.

Cartas 1, 2, 3 y 8 (tierra): Los Enamorados (invertida), el ocho de bastos, el Loco (invertida), el Carro

El grupo de cartas que simbolizan la tierra no aparece dominado por ningún palo en particular, pero continúa claramente el tema de una relación primaria. Los Enamorados, en posición invertida, indica una relación inestable, que no fracasó necesariamente, sino que de vez en cuando entra en períodos de vacilación y en la que no se llegaron a cumplir todas las esperanzas que se depositaron en ella en un principio.

El ocho de bastos indica un fuerte impulso hacia delante y el Loco invertido muestra una aventura a largo plazo que no se inició favorablemente.

El Carro es una carta cuya energía es prácticamente la opuesta a la de los Enamorados.

Mientras que los Enamorados puede indicar el hallarse desgarrada entre dos perspectivas, el Carro en posición derecha muestra que la buscadora cuenta con las habilidades necesarias para tomar las dos facciones encontradas y juntarlas, del mismo modo que los caballos de colores contrapuestos pueden arrastrar al conductor del Carro, que parece cantar.

Sería razonable suponer, a partir de este grupo, que se inició de improviso una relación que se prolongó a largo plazo, muy probablemente de carácter romántico. No fracasó, pero hubo numerosas dificultades que el sujeto pudo armonizar finalmente.

Cartas 1, 2 y 3 (agua): Los Enamorados, el ocho de bastos (invertido), el Loco

El grupo de agua elimina la carta 8 biseccionadora y asume que las otras tres cartas caen en posiciones que son opuestas a las de la lectura original.

Una vez más, vemos a los Enamorados arrastrándonos en dos direcciones contrapuestas.

En el grupo de tierra, eso indica que el sujeto mantiene intacto el hogar y la familia, debido a la influencia del Carro, que está ausente en el triángulo de agua.

Puesto que este triángulo es el de las emociones y el de la intuición, puede indicar que, aun cuando la buscadora mantenga unidos el hogar y la familia, no se sienta emocionalmente satisfecha con su vida hogareña.

El ocho de bastos invertido indica una disminución del impulso inicial, un cansancio de espíritu que ejerce un efecto sobre la vida emocional de la buscadora, quizás haciendo más abrumadora su tarea.

El Loco se lee derecho y habla de una nueva aventura a largo plazo, una aventura que se inició siguiendo el camino correcto. Al relacionarla con el resto de cartas que hemos leído, está claro que la relación no siguió el camino más suave y fácil.

Cartas 4, 5 y 6 (fuego): Reina de pentáculos, dos de copas, nueve de pentáculos

El grupo de fuego de esta tirada es singular en el sentido de que todas las cartas tiradas aparecieron en posición derecha. Las tres cartas se relacionan con una vida hogareña feliz y pacífica y con una asociación fructífera.

En comparación con el grupo de tierra y de agua, estas cartas se relacionan mejor con las de tierra, que muestran al buscador trabajando duro y utilizando sus habilidades innatas para lograr que las decisiones difíciles sigan un curso suave.

No cabe la menor duda de que estamos observando la transformación producida por los esfuerzos del sujeto. Está por verse si se trata o no de cambios permanentes.

Cartas 4, 5, 6 y 9 (aire): Reina de pentáculos (invertida), dos de copas (invertida), nueve de pentáculos (invertida), nueve de espadas

Las mismas cartas que aparecieron en el triángulo de fuego aparecen ahora en el triángulo de aire, sólo que en posición invertida. Eso no quiere decir que las cartas se lean ahora al contrario de lo que se hizo en sus posiciones originales, sino que su energía se halla canalizada hacia otras direcciones. Por ejemplo, la reina de pentáculos en posición derecha puede simbolizar satisfacción, austeridad, riqueza y familia. Cuando aparece invertida no quiere decir que ahora sea una mujer pobre sino, simplemente, que no es austera. Gasta libremente, sin pensar en el futuro o en su familia.

No importa cuán entregada esté a su cónyuge y a su familia, no es lógico asumir que se puede canalizar energía positiva hacia ellos de una forma permanente. En algún momento, estas inversiones muestran que mucha energía se desvió o se está desviando de la vida del hogar y, como consecuencia, ésta se resiente.

Al triángulo de aire, añadimos la carta 9 biseccionadora, el nueve de espadas, que se lee en posición derecha. La carta indica desolación, aislamiento, soledad y temor a los fracasos que siguen ocurriendo.

Carta 7 (carta temática): Cuatro de bastos

Finalmente, examinamos de nuevo el tema de la tirada. No cabe la menor duda de que estamos examinando un matrimonio de una vida pasada. La forma en que se manejó en el pasado da una indicación de lo adecuadamente que la buscadora puede manejar el matrimonio u otras relaciones románticas en la vida actual.

Otras indicaciones

Recuerde que todas las cartas cruzadas se leen como si estuvieran en posición derecha y esta regla tradicional se aplica a las cartas 8 y 9. Estas cartas ayudan a conectar la vida pasada del sujeto con la presente y deberían dar indicios que permitieran una mejor comprensión de un aspecto o tema particular de la vida pasada que aborda esta lectura. También puede ilustrar el camino que hará que la buscadora se sienta más feliz, aunque eso signifique más dedicación a corto plazo.

Al examinar este matrimonio pasado, vemos que el sujeto trabajó duro para mantener el matrimonio y la familia, y que alcanzó éxito exteriormente, pero se sintió emocionalmente infeliz en esta situación.

Para examinar de modo más atento los temas planteados en este matrimonio, se puede seleccionar una carta más, al azar, tomándola del mazo y colocándola sobre la carta 1. Esto debería permitir escudriñar de más cerca a las personas, acontecimientos o problemas que impiden a la buscadora encontrar la felicidad en su vida hogareña, tanto en el pasado como en el presente.

Tirada alternativa

Para comprender cómo la vida actual se mezcla o choca con la vida actual de alguna otra persona, ignore las líneas de bisección. Baraje y corte las cartas por sí misma y extiéndalas formando un triángulo con el vértice hacia arriba. Luego, baraje y corte el resto del mazo y colóquelo entre las cartas para formar un triángulo con el vértice hacia abajo.

Lea las cartas como dos agrupamientos para revelar los aspectos ocultos de la conexión de su vida actual con la otra persona.

5
La tirada de la decisión kármica

Esta tirada muestra cómo el karma específico, formado a lo largo de varias vidas pasadas, se manifiesta ahora como su gran tema kármico en la vida presente.

Ofrece dos caminos alternativos para corregir el desequilibrio kármico y luego muestra los probables resultados de cada uno de ellos para la vida futura.

Después de barajar y cortar el mazo, ponga las cartas tal como se muestra en la FIGURA 9, pero coloque sólo por el momento las cartas 1 a 12.

Estudie las cartas 1 a 9 para captar una percepción del karma generado en su pasado. Examínelas individualmente, en sus agrupamientos de fila y en su tema general.

Examine ahora la carta 10. Ésta le muestra al sí mismo que es usted actualmente, tal y como ha sido configurado por el pasado. A ambos lados de la carta 10, que representa al sí mismo actual, hay otras dos cartas, la 11 y la 12. Éstas representan las alternativas de que dispone, los dos caminos que le permitirán trabajar con su karma para mejorar ésta y todas sus vidas futuras. Elija una carta como el camino que desea tomar y elimine la otra de la tirada.

Baraje y corte de nuevo las cartas del mazo, pensando en el camino elegido, y complete la tirada tal como se muestra en la FIGURA 9, con las cartas 13 a 21. Éstas le muestran el probable resultado futuro de su decisión kármica. Las consecuencias de su acción o de su inacción pueden regresar a usted en esta vida o a lo largo de varias vidas futuras.

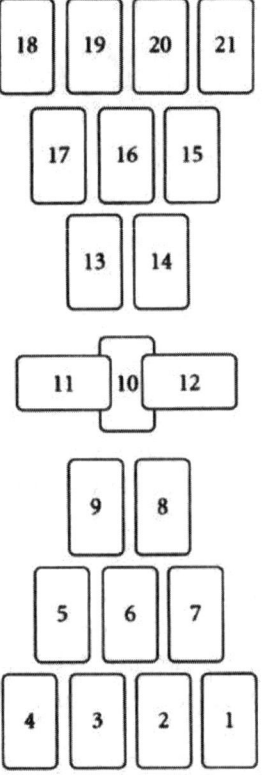

Figura 9: La tirada de la decisión kármica

Si no le agrada la lectura efectuada, elimine las cartas 13 a 21 de la tirada y sustituya la carta que eliminó por la otra alternativa kármica. Baraje y corte de nuevo las cartas y póngalas en las posiciones de las cartas 13 a 21, para descubrir cómo puede verse afectado su futuro en caso de seguir un camino diferente.

Ejemplo de lectura

Cartas 1, 2, 3 y 4: Reina de espadas (invertida), siete de espadas, siete de copas, seis de pentáculos (invertido)

Las cuatro primeras cartas de esta lectura indican a alguien que se encuentra en una fase de crisis espiritual. La reina de espadas invertida representa a alguien con intenciones crueles, alguien que parece ser un amigo, pero que sostiene una hoja afilada, capaz de cortar profundamente y sin advertencia previa. Es posible que esa persona ni siquiera se dé cuenta de que desea sabotear la vida de otra. Incluso aquellos que más nos aman pueden sentir celos de nuestro éxito y enviarnos energía contraria, tanto si creen en la energía mágica como si no.

Los dos sietes indican que el sujeto sueña en riquezas y poder y que no escatima el subterfugio, o incluso el robo, para obtener lo que tanto desea. Una vez más, es posible que no se dé cuenta siquiera del daño que está causando.

El seis de pentáculos invertido indica a alguien que sólo da lo que tiene para dar, aunque no está claro si eso lo hace por avaricia o por temor a no tener suficiente para sí mismo. El caso es que, comparada con las otras cartas de esta tirada, es una mujer que sólo desea parecer generosa.

Cartas 5, 6 y 7: As de pentáculos (invertido), cinco de espadas, el Emperador (invertido)

Los ases indican nuevas aventuras e inicios renovados, pero cuando aparecen invertidos nos dicen que parte de esa energía ha salido mal. Quizás el sujeto trató de realizar un cambio en su camino kármico, pero no alcanzó éxito, o acaso tuvo a un saboteador en su vida. El cinco de espadas no puede ser interpretado por sí solo. Es una carta que se encuentra en estado de flujo constante. Puede indicar energía que se acumula o que se desmorona. Ésta es otra clave de que quizás el sujeto de la lectura hizo un esfuerzo por cambiar su curso, pero fue incapaz de lograrlo.

El Emperador representa estabilidad, liderazgo, una figura divina, y se muestra aquí en posición invertida. Eso significa que la energía de la carta efectuó un giro equivocado.

Obsérvese que el cetro que sostiene la figura en los brazos, destinado a atraer la energía desde los ámbitos divinos superiores, apunta hacia abajo, lo que canaliza aún más la energía deseada, alejándola del sujeto.

Cabe afirmar que esta vida estuvo llena de esfuerzos, pero que fueron infructuosos.

Cartas 8 y 9: Diez de bastos, la Templanza (invertida)

La carga del karma es evidente en esta vida, lo que provoca que el espíritu del sujeto se sienta abrumado bajo la carga, que le hace tambalearse, como le sucede a la figura del diez de bastos. Obsérvese que el objetivo hacia el que se dirige la figura se encuentra muy alejado, en el camino. Eso indica que el sujeto se encuentra finalmente en el camino correcto, pero que el trayecto pendiente de recorrer para llegar hasta él es duro.

El fracaso en esta vida fue probablemente el resultado de la frustración. La influencia permanente de la Templanza aparece invertida; el equilibrio mostrado en la carta mostrada boca abajo hace que el sujeto vacile a lo largo del camino.

Carta 10: El Papa

Ésta es la carta de la persona que prefiere la forma sobre la función, las apariencias sobre la sustancia y la propiedad sobre la honestidad. En una lectura que parece espiritualmente orientada, señala al sujeto la necesidad de volver a valorar sus objetivos y valores espirituales. ¿Los sigue acaso porque lo siguieron sus padres? ¿Estudia otros caminos para encontrar el que ha elegido? ¿Es rígida e inconmovible en sus opiniones espirituales, incluso hasta el punto de creer que las decisiones de los demás son erróneas o malvadas? ¿Acude a las funciones espirituales sólo para ser visto o participan en ello su corazón y su espíritu? ¿Acepta cargos dentro de este sistema espiritual organizado porque desea tener el control de los procedimientos y de la administración, o porque desea contribuir al crecimiento del sistema y ayudar también a otros?

Cartas 11 y 12: El Ermitaño, seis de espadas

Éstas son las cartas que representan las dos alternativas que tiene el sujeto en esta vida.

Son de naturaleza similar, pero conducirán al sujeto por dos caminos bien distintos.

El Ermitaño es una indicación de la necesidad de introspección para buscar las respuestas, de retirarse de la sociedad y de las organizaciones para buscar aquéllas dentro de sí mismo.

El seis de espadas también aconseja buscar las respuestas en el interior de sí mismo, pero asimismo propugna salir al exterior, hacia lo desconocido, confiando en que Dios y la buena intuición indiquen el camino hacia los demás y hacia otras organizaciones que puedan ayudar al sujeto a crecer espiritualmente. Obsérvese, una vez más, que aunque el objetivo está muy lejano, es visible en la costa distante de la carta.

El palo de espadas igualmente sugiere estudio, comunicación y compromiso con el aprendizaje, mientras que el Ermitaño indica dependencia de sí mismo y de lo que pueda lograr la propia mente, en soledad.

Aunque ambas son formas válidas de manejar el karma espiritual, nuestro sujeto no se ha desenvuelto muy bien hasta el momento en sus intentos de alcanzar el crecimiento espiritual por sus propios medios.

Carta 12: Seis de espadas

El sujeto elige el seis de espadas como su nuevo camino y establece el compromiso de expandir su vida espiritual actual para llegar hasta otros, aprender y crecer.

El sujeto saca al Ermitaño de la tirada, baraja las cartas y corta el mazo mientras se concentra en el nuevo camino que ha elegido.

Cartas 13 y 14: Cinco de bastos (invertido), seis de copas

La decisión kármica tomada en esta vida parece ser buena cuando se examinan las vidas futuras inmediatas.

En el cinco de bastos se invierte la alegría experimentada con las victorias injustas y la energía conduce al sujeto a desear establecer un vínculo con aquellos que esquivó o a los que consideró por debajo de sí mismo.

El seis de copas es la carta de la amistad ofrecida, pero no indica si es aceptada o no. El sujeto tendrá que buscar en su corazón en el futuro y tomar la decisión libre de abrirse cuando se le ofrezca una verdadera amistad.

Cartas 15, 16 y 17: El Colgado (invertido), cuatro de espadas (invertido), sota de copas

El Colgado invertido muestra que se ha empleado tiempo en la contemplación, pero la energía espiritual está adquiriendo ahora un lento movimiento, aunque hacia delante. El cuatro de espadas invertido, indica una energía similar, que nos habla de seguir una nueva dirección después de un tiempo de reposo.

La sota de copas de mi mazo mira hacia fuera desde las otras cartas de la hilera, como si con ello indicara que el sujeto está listo para seguir adelante. Por detrás de ella se observa un vasto mar, un símbolo del cambio y del crecimiento espiritual y del infinito poder del creador divino. En su mano sostiene una estrella de mar, símbolo de la esperanza, un regalo del mundo intuitivo del agua.

Según el artista del tarot Robin Wood la frase clave de esta carta es: «talento en desarrollo» (*Robin Wood Tarot: The Book*, Livingtree Books, 1998), lo que indica que los dones espirituales del sujeto están creciendo en su interior.

Cartas 18, 19, 20 y 21: Siete de pentáculos, as de copas, el Juicio, cuatro de pentáculos (invertido)

La última de las vidas futuras que examinamos muestra al sujeto en un mejor equilibrio espiritual que en sus vidas pasadas.

El siete de pentáculos indica orgullo por el trabajo bien hecho y aprecio de las pequeñas alegrías de la vida. El as de copas indica el principio de una nueva fase que, en este caso, es probablemente de carácter espiritual.

También vemos el Juicio. En mi mazo representa a una mujer que se eleva desde la feroz ave fénix, del caldero del renacimiento y la renovación. Este símbolo profundamente espiritual es el mismo que el Santo Grial de la leyenda artúrica y representa el logro de los tesoros espirituales.

La última carta es el cuatro de pentáculos invertido. Es la carta del mísero, que ha enviado su energía hacia una dirección diferente. En un sentido espiritual, el egoísmo del pasado ha sido superado por una nueva conciencia espiritual de que hay suficiente abundancia en el universo como para que todo el mundo reciba su parte.

Otras indicaciones

Aunque las espadas y los pentáculos aparecen de forma predominante al principio de esta tirada, pronto queda claro, en las cartas de la vida actual, que esta tirada se centra en la vida espiritual del sujeto. El propósito de nuestras vidas y de las religiones e ideologías que elegimos seguir es el de reunirnos con el Creador Divino, del que nacen todas las cosas.

Si el sujeto hubiera elegido al Ermitaño como el nuevo camino, también habría podido alcanzar sus objetivos espirituales, pero el recorrido habría sido algo más duro.

Una vez que se toma una decisión y se adquiere un compromiso con un curso a seguir, resulta duro regresar y volver a leer la tirada con la otra carta de la decisión kármica. El conocimiento previo y las decisiones ya tomadas durante el transcurso de esta lectura ya han iluminado y cambiado el futuro.

Tirada alternativa

Para ver hacia dónde lo conduce su karma actual, aborde primero la tirada hasta la carta 10. Luego aborde la siguiente en el mazo y colóquela sobre la carta 10. Continúe de ese modo colocando las otras nueve cartas. Eso indica su camino si no se toman nuevas decisiones o se introducen cambios en el curso kármico actual.

6
La tirada del puente arco iris

El puente arco iris es el viaje que une una vida con la otra. Los estudiantes de la proyección astral utilizan a veces la imaginería del arco iris para ayudarse a viajar de un mundo a otro. En la mitología noruega, el puente es conocido como Bifrost, el corredor de después de la muerte que conduce al Valhalla, donde los guerreros caídos y honrados celebran su fiesta eterna.

Una de las sempiternas preguntas que plantean los que se adhieren al principio de la encarnación y a la que siempre buscan respuesta es: «¿Qué nos sucede entre una vida y otra?». Puesto que el tiempo no es lineal, deberíamos dar esta enigmática respuesta: «nada y todo».

Es importante tener en cuenta que el tiempo no es lineal, pero que los seres humanos vivimos en el mundo de la materia, en el que el tiempo se percibe como lineal; al utilizar nuestras cartas del tarot debemos tener en cuenta esa circunstancia. Desde nuestra perspectiva del tiempo lineal tenemos que asumir que, en el intervalo entre nuestras vidas, vamos a alguna parte y que hacemos algo que merece la pena hacerse.

Respetados investigadores psíquicos han escrito varios libros que han intentado responder a la cuestión de la vida entre las vidas. Lo único que esos libros tienen en común es el tema de la valoración de la vida previa y la planificación para el futuro. Al comparar percepciones y escritos, parece que esta vida sin vida es un momento de descanso y restauración, a través del cual nos movemos lentamente hacia la siguiente fase de nuestra existencia.

En la obra de Ted Andrews, *How to Uncover Your Past Lives* (Llewellyn, 1992, pág. 5), se dice: «El intervalo cósmico o espiritual se inicia en el momento de transición llamado muerte [...] Ese período permite al alma recuperarse, reexaminar y asimilar la experiencia de la vida previa, además de prepararse para la vida siguiente».

Esta tirada le mostrará su progreso entre una vida pasada que corre estrechamente en paralelo a la actual y cómo las decisiones tomadas entre una vida y otra están configurando su vida actual u obligándolo a tomar decisiones incómodas, aunque cabe esperar que correctas.

Baraje, corte y disponga las cartas tal como se muestra en la FIGURA 10. Las cartas proporcionan un puente sobre el cual puede caminar hacia su pasado, desde la derecha a la izquierda; luego, se leen y se interpretan desde el pasado hacia el futuro, y desde la izquierda a la derecha.

Carta 1

Muestra el principal tema de esta tirada, tal y como le afecta en su vida actual.

Carta 2

Refleja sus sentimientos acerca de sus decisiones justo antes del renacimiento a esta vida.

Carta 3

Muestra su nivel de satisfacción o insatisfacción con el pacto establecido consigo mismo y con sus auxiliares espirituales y considera lo que le tiene reservada su vida futura. También arroja luz sobre cómo su nuevo cuerpo y su nueva personalidad afrontarán muy probablemente el tema.

Carta 4

Ilumina el tema principal que tendrá que afrontar en su vida venidera. Es posible que se trate de un tema kármico que ha llevado consigo durante una o muchas vidas, o de una nueva aventura o prueba.

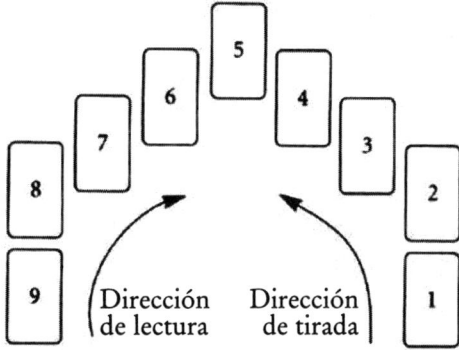

Figura 10: La tirada del puente arco iris

Carta 5

Muestra su propia voluntad y la de aquellos que se encuentran en el ámbito del espíritu y que lo ayudan a configurarse en el alma en la que desea convertirse. Éste es el punto de transición en el que establece muchos de los detalles de su camino futuro.

Carta 6

Muestra la influencia de los guías espirituales y de otros auxiliares espirituales, a medida que continúa configurando la superestructura de su vida siguiente.

Carta 7

Muestras las alternativas y decisiones que desea seguir y tomar en su siguiente vida, sin intervención de otros.

Carta 8

Indica sus sentimientos iniciales acerca de la vida que acaba de dejar.

Carta 9

Muestra dónde estaban su mente y su corazón en relación con el tema de esta lectura en los meses anteriores a su muerte en una vida pasada que se desarrolló de un modo muy estrechamente paralelo a su vida actual.

Ejemplo de lectura

Carta 9: El Diablo, invertido

Ésta es la carta de los últimos pocos meses de una vida pasada que se desarrolló de un modo estrechamente paralelo a la actual del sujeto. Muestra que éste se hallaba vinculado con las comodidades materiales de esa vida pasada. Eso, en sí mismo, no es malo, a menos que el sujeto se vuelva egoísta y avaricioso y se niegue a ayudar a los demás, aunque disponga de los medios para hacerlo. Puesto que la carta aparece invertida, vemos el cofre de los tesoros (al que están vinculadas las figuras de la carta), que se derrama, al no poder sostener ya el peso del sujeto. Eso indica que, en algún punto, él fue capaz de desprenderse de su amor por lo material a expensas de cosas más importantes en su vida.

Carta 8: Cinco de copas

A medida que el alma pasa del ámbito de lo físico al del espíritu, la reacción inicial del sujeto ante su vida pasada es de pena. Lamenta la pérdida del crecimiento de su alma, su incapacidad para ayudar a los demás, incluso a pesar de que podría haber dispuesto de bienes más que suficientes para ocuparse de sí mismo y de sus seres queridos.

Carta 7: Cuatro de copas

La idea inicial del sujeto para el futuro es la de pasar por su vida por su cuenta, sin ayuda de los demás. Este tipo de autocastigo puede superarse por medio de una sabiduría que, con suerte, los espíritus auxiliares le mostrarán al sujeto.

Carta 6: Diez de bastos, invertido

Los espíritus auxiliares tratan de convencer al sujeto de que está asumiendo una carga demasiado pesada sobre sí mismo, que, además, no necesita sobrellevar solo. Su sentido de la culpabilidad y de la pena por no haber sido la clase de persona amable y generosa que sabe que podría ser, no debería dar como resultado una vida de penitencia, sino una vida en la que pueda seguir su camino de crecimiento. Esta carta aparece invertida, lo que significa que todavía tiene que soportar una carga, pero cuyo peso gravitacional se ve aliviado y que las cargas compartidas son más fáciles de sobrellevar.

Carta 5: Los Enamorados

La decisión conjunta a la que llegan el sujeto y sus auxiliares espirituales consiste en proyectar una vida de cambio constante, pero en la que el sujeto seguirá tomando sus propias decisiones. Así pues, se le presentarán oportunidades para el cambio en todas las ocasiones, pero únicamente el sujeto puede tomar la decisión de cómo interaccionar con ellas.

Carta 4: As de pentáculo

El palo de los pentáculos representa el hogar, la seguridad y el dinero. Los ases indican nuevos principios. Inicialmente, el sujeto se siente contento con la dirección configurada para su vida siguiente.

Carta 3: Ocho de copas

Al acercarse a la reencarnación, reflexiona de nuevo acerca de sus decisiones. La imagen de la carta muestra a alguien que guarda celosamente sus ocho copas llenas. Se encuentra en un lugar elevado en las montañas y el bastón con plumas de águila que eleva hacia una luna menguante muestra el temor que siente a desprenderse de los objetos físicos, de los que dispone en mucha más cantidad de lo que necesita, mientras que el bastón lo muestra ablandándose y moviéndose hacia la conversión en un espíritu más generoso.

Carta 2: Siete de pentáculos, invertido

Una vez liberado del temor inicial a ser demasiado generoso, los pensamientos del sujeto se dirigen a dar más a los demás, pero sigue habiendo algo en su interior que le hace vacilar ante la perspectiva de abrirse plenamente al espíritu de la generosidad. ¿Avaricia o temor? Únicamente la nueva vida nos dirá qué emoción es la que gobierna a nuestro sujeto.

Carta 1: La Fuerza, invertida

Esta carta muestra que, inicialmente, el sujeto llega a su nueva vida con el deseo de ser más generoso, pero experimentando todavía ambivalencia y cayendo de nuevo en la emoción de su vida pasada del deseo de retener y esperar a ver qué sucede.

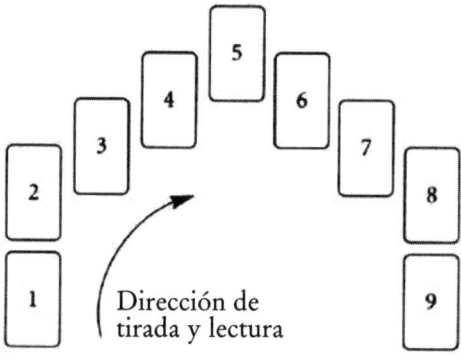

Figura 11: Variación de la tirada del puente arco iris

A medida que progrese su vida, el sujeto tendrá que regresar a su sabiduría y enseñanzas espirituales para superar el temor a dar. Hay que recordarle que cualquier cosa que demos o situemos en la rueda de la existencia se nos restituye multiplicada por tres. Eso incluye la energía positiva tanto como la negativa. No debería haber nunca ningún problema acerca del dar. Aunque el sujeto no sea rico, sigue teniendo una espalda, unos brazos y unas piernas fuertes. Y siempre puede dar algo de su tiempo y su energía.

Otras indicaciones

En esta lectura, nada indica que el sujeto sea una mala persona, con la avidez de acumular todo lo que pueda. Esta lectura aparece atravesada por un tema de vacilación, debido al temor. Es posible que el sujeto viviera una vida pasada de tacañería, ya que una vida previa a aquélla fue de necesidad y lucha por el alimento y otros factores básicos esenciales. Eso induce a su alma a experimentar una frenética necesidad de acumular recursos, para hipotéticas situaciones de crisis.

Tirada alternativa

Puede utilizar esta misma tirada para examinar su progreso espiritual, desde su vida actual a una vida futura que se desarrolle de una forma estrechamente paralela a la actual. Lea y extienda las cartas de la tirada de izquierda a derecha, tal como se muestra en la FIGURA 11.

7
La tirada del Árbol de la Vida

El concepto de Árbol de la Vida o Árbol del Mundo es un tema arquetípico que entrecruza muchas de las literaturas mitológicas del mundo.

El concepto de Árbol de la Vida utilizado para esta tirada es el empleado por los cabalistas y los místicos judíos y cristianos (véase la FIGURA 12).

Estudiar este árbol y sus caminos y símbolos puede ser una tarea que ocupe toda la vida, con nuevas facetas e imaginerías reveladas constantemente, a medida que se incrementan el conocimiento, la experiencia y la sabiduría sobre el tema. La obra de Gershom Scholem, *On the Kabbalah and Its Symbolism* (Schocken Books, 1996, ed. revisada) ofrece una exploración detallada de cada sephirah (las esferas) y de cada camino (los caminos que conectan una sephirah con otra) existentes en el árbol.

Cada uno de los *sephiroth* (plural de *sephirah*) y cada uno de los caminos que los conectan se hallan bajo la influencia de una energía planetaria o de un aspecto de la divinidad.

Ésta es la energía que aprovecharemos para interpretar una vida pasada (véase la FIGURA 13).

Carta 1
Esta carta lo representa a usted en el aquí y el ahora. Puede darle un indicio acerca de su verdadera personalidad o resolver la clave de un misterio kármico.

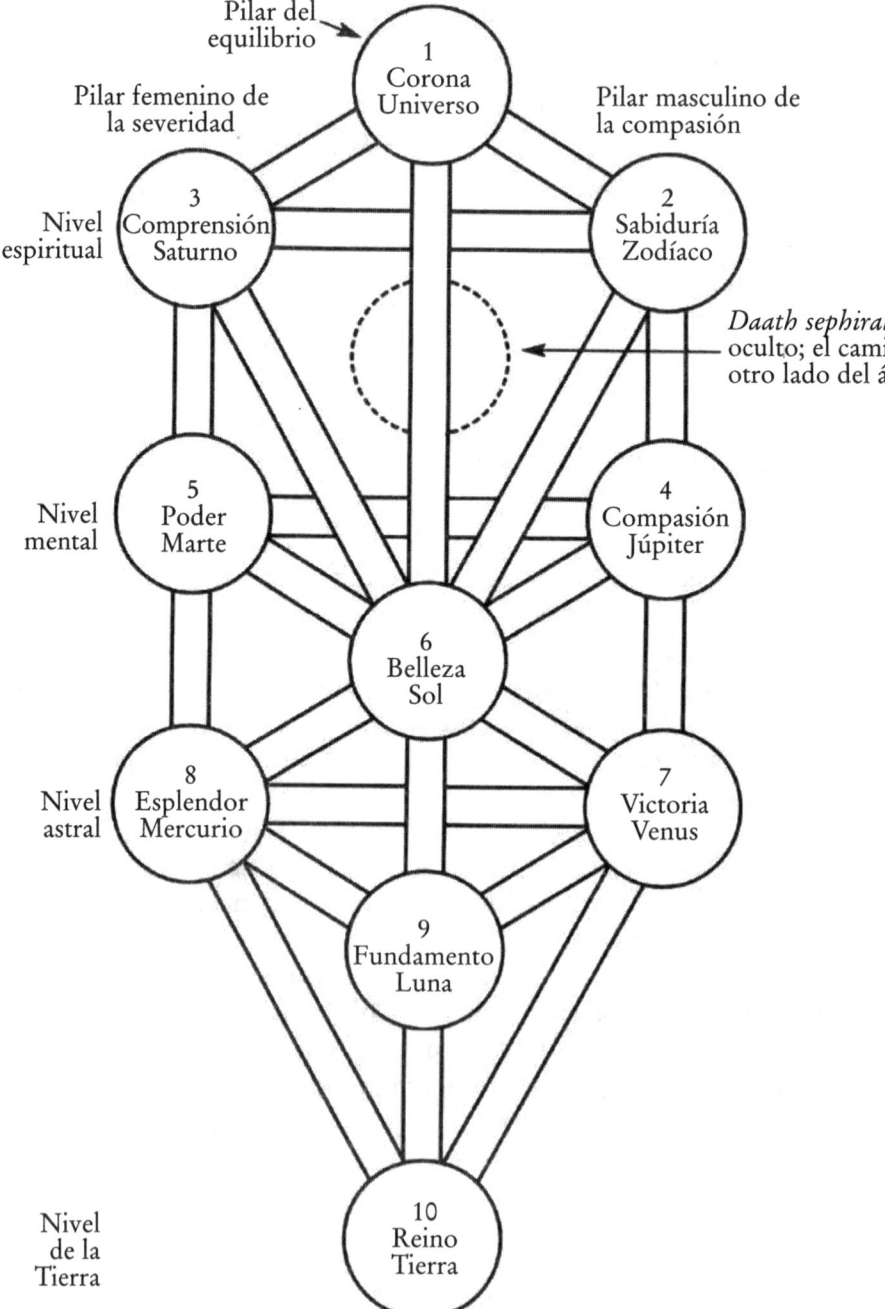

Figura 12: Modelo del Árbol de la Vida

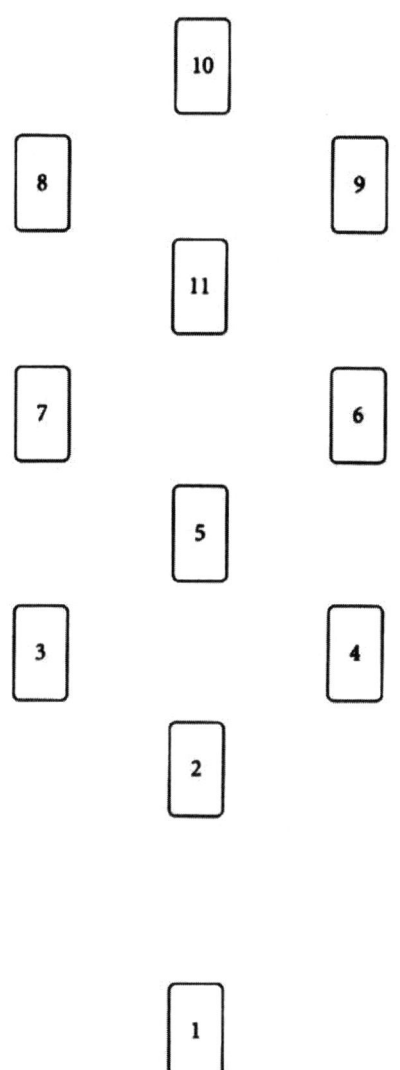

Figura 13: La tirada del Árbol de la Vida

Carta 2

Éste es el ámbito de la Luna, el fundamento de su sí mismo interior y un punto de partida en su viaje hacia la reunión con el Creador. También puede indicarle el aspecto de sí mismo que usted mantiene oculto o el de su estado emocional.

Carta 3
La carta es el ámbito del planeta Mercurio, que ilumina su esplendor en el aspecto de las comunicaciones, los viajes y el estudio.

Carta 4
Venus es el ámbito del éxito personal y de su autoestima.

Carta 5
Esta carta está gobernada por el Sol y refleja sus cualidades exteriores, del mismo modo que la Luna refleja sus cualidades interiores. Es esta apariencia exterior la que ven los demás y a partir de la cual lo juzgan.

Carta 6
Júpiter se relaciona con su habilidad para tener compasión por los demás y también puede indicar su estatus financiero y su capacidad para dar a los demás.

Carta 7
La carta de Marte representa su fortaleza y fuerza de voluntad. También puede indicarle los resultados de pruebas a las que se enfrentará en la vida que está siendo explorada.

Carta 8
Saturno es el planeta que nos indica nuestra capacidad de empatía y comprensión. A menudo refleja el vínculo de una vida pasada con la vida que está siendo examinada.

En *The Only Astrology Book You'll Ever Need* (Stein and Day, 1982), su autora, Joanna Martine Woolfolk, dice que Saturno es el planeta «de la disciplina y la limitación». Otros astrólogos se refieren al mismo diciendo que es el planeta del karma o del «autodesatar». En cualquier caso, Saturno se halla situado en un lugar destacado en nuestra cadena de vidas e irradia una gran influencia sobre nuestro sí mismo interior y el comportamiento que produce.

Carta 9
Es la carta de la sabiduría. La sabiduría no es más que conocimiento experimentado. Está gobernada por todo el ámbito del zodíaco y muestra a la verdadera persona, en todos los aspectos del mismo.

Carta 10
Esta carta pertenece al ámbito de las divinidades y se relaciona con lo cerca o lejos que está de reunirse con el Creador. Muchas personas están convencidas de que, cuando se logre la reunión con lo Divino, se sale de la rueda de la reencarnación y se convierte uno en un auxiliar espiritual para otros buscadores.

Carta 11
El orden y el caos no son opuestos, sino simplemente dos lugares diferentes del Árbol de la Vida. La parte delantera del Árbol de la Vida representa el orden, pero la *sephirah* oculta, llamada *Daath* o *sephirah* invisible, le muestra el camino de acceso al mundo del caos, que tiene tanto que enseñarle como el mundo del orden. Esta carta le muestra cuán fácilmente puede usted moverse entre la parte visible y la parte oculta del árbol.

Ejemplo de lectura

Carta 1: El Colgado
La vida actual del buscador es estática. Espera, sin emprender ninguna acción para moverse hacia delante o hacia atrás y no se consigue que exprese una opinión o perspectiva hasta que esté seguro de que tiene todos los hechos y ha reunido todos los sentimientos. El buscador sabe que necesita obtener algún impulso hacia delante y seguir, pero quizá no sepa cuál es el mejor camino a seguir o puede temer elegir la opción equivocada.

Carta 2: Ocho de espadas
En el ámbito del sí mismo interior, vemos otra carta de temor. Aunque el camino hacia lo que desea el sujeto se extiende directa-

mente delante de él, vacila en comprometerse a dar el primer paso. Eso indica que el temor permanece como embotellado dentro de sí mismo, mientras que el resto del mundo lo considera como demasiado prudente e indeciso.

Carta 3: Tres de copas, invertido

Cuando aparece invertido, el tres de copas habla de oportunidades perdidas y de potencial no realizado. El buscador puede haber dejado pasar por alto diversas posibilidades. Por pequeña que pueda parecer cada una de ellas, tenemos que asumir que su temor a avanzar lo mantiene atado al lugar donde estaba en relación con la comunicación, la educación, la forma de afrontar los negocios o los aprendizajes.

Carta 4: Diez de copas

Venus muestra éxito personal; en este caso se centra alrededor de la familia o de los amigos. Las copas rigen el amor y la paz, de modo que tenemos que asumir que el buscador encuentra algo de consuelo en las personas queridas. No obstante, para mostrar éxito en cuestiones financieras y familiares, esta carta necesitaría ser el diez de pentáculos.

Carta 5: Dos de bastos

Esta carta muestra a una figura solitaria que sostiene el globo en las manos, pero examina un horizonte cuyo final no se puede ver en la carta.

Le habla a alguien que vacila hasta que ha pasado la oportunidad del éxito. El temor a moverse hacia delante es llevado hasta sus extremos, hasta que se cierran con candado todas las buenas oportunidades que se le han presentado.

Debido a que ésta es una carta gobernada por el Sol, refleja el sí mismo exterior.

En este caso, los demás ven a una persona capaz que deja sin utilizar sus talentos, quizá por temor al éxito.

Carta 5: La Rueda de la Fortuna, invertida

Júpiter tiene la energía de la compasión y del éxito financiero. La Rueda de la Fortuna no es sólo un elemento de buena suerte, sino que indica que el sujeto se hace cargo de la energía joviana para hacer girar la rueda en la dirección hacia la que desea dirigirse.

En esta lectura, parece que los ciclos de la rueda están trabajando en su contra.

Sus temores le afectan, no sólo al nivel de sus ganancias potenciales, sino que posiblemente le hacen sentirse envidioso del éxito de los demás, lo que no hace sino agriar su disposición y crear divisiones en su vida familiar.

Carta 7: Tres de espadas

La carta de la fuerza de voluntad y de la fortaleza es débil en el sujeto, tal como cabría esperar de alguien tan temeroso de efectuar un movimiento que, al final, no lleva a cabo ninguno.

En algunos mazos, ésta es la carta del «autodesatar», representando una pasión que únicamente puede ser evitada por la propia determinación.

Carta 8: El Papa, invertido

La carta de Saturno muestra cosas ocultas en las vidas pasadas y la abundancia de compasión y empatía que el sujeto puede dar en la vida que está siendo examinada.

El Papa es la carta de la persona que prefiere los adornos exteriores a la sustancia interior, pero el hecho de que aparezca invertida muestra que el sujeto es consciente de su apariencia falsa y desea corregirla.

Carta 9: As de pentáculos

La carta de la sabiduría nos muestra la carta del nuevo inicio en el hogar y en el trabajo. Quizás antes de que terminara la vida pasada de este sujeto, intentó, es posible que en vano, compensar las oportunidades perdidas y ya pasadas.

Carta 10: El Ermitaño, invertido

Es la carta del Creador Divino en la que vemos al Ermitaño en posición invertida. El corazón del sujeto estaba en el lugar adecuado, pero, simplemente, no pudo profundizar lo suficiente en su alma como para buscar el conocimiento que necesitaba para ser valiente y entero en su vida física.

Carta 11: La Torre

La llave para abrir los secretos y el poder del otro lado del Árbol de la Vida procede del desastre. En lugar de temerlo, de ocultarlo, de fluir con él, el sujeto puede encontrar su equilibrio sólo mediante el reconocimiento de la responsabilidad por sí mismo y por sus propios éxitos o fracasos.

Otras indicaciones

Ésta es una vida en la que el sujeto era en verdad una buena persona, temerosa de cometer errores y, en consecuencia, no corrió riesgos. El camino hacia la iluminación y la reunión con el Creador exige que tomemos riesgos calculados. Si fracasamos, sencillamente tenemos que intentarlo de nuevo.

Este hombre fue afortunado en el sentido de que pasó por la mayor parte de su vida con el cariñoso apoyo de su familia. Mientras sigue vacilando, más adelante, en su vida, vemos en las cartas ciertas señales (como en la Rueda de la Fortuna) que indican que sus personas queridas se sienten frustradas ante su falta de resolución y por ello puedan retirarle parte de su apoyo y su respeto.

8
La tirada de la gran imagen

*E*sta tirada le dará el panorama de alguien que fue en una vida pasada. Puede concentrar la lectura en una vida particular de la que ya sepa algo, a partir de una regresión a una vida pasada o de los sueños. Para ello sólo debe centrarse mentalmente y con firmeza en esa vida, al tiempo que baraja las cartas y las extiende en la tirada.

También puede sintonizar con una vida en un período de tiempo específico o con un conjunto concreto de circunstancias, como por ejemplo el ser rico, pobre, varón, mujer, de alta o baja cuna, como alguien que murió joven, que vivió durante mucho tiempo, etcétera, concentrándose detenidamente en estos parámetros al tiempo que extiende las cartas.

Si obtiene una lectura en la que las cartas no se relacionan entre sí, o en las que sus energías aparecen diseminadas, entonces es posible que no haya vivido una vida que encaje con aquellos criterios en los que ha pensado.

Póngase en la situación mental adecuada y baraje y corte las cartas según su manera habitual. Extiéndalas en la forma que indican los números en la FIGURA 14.

Carta 1

Ésta es la esencia del sí mismo que usted fue. Puede contener rasgos de los que usted mismo no tuvo conciencia en esa época, o características destinadas a hacerle comprender muy bien quién era usted. Podrá obtener una mejor idea de lo que hay aquí implicado examinando las dos cartas siguientes.

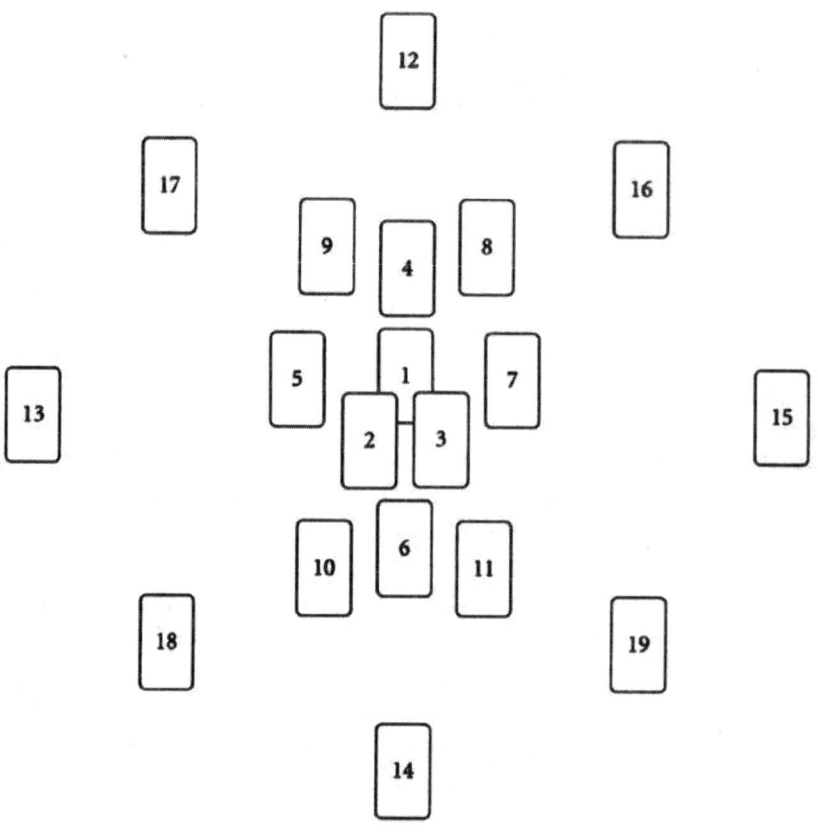

Figura 14: La tirada de la gran imagen

Cartas 2 y 3

Estas cartas representan el sí mismo del que usted fue inconsciente. Si parecen complementar la carta 1, es probable que tuviera una buena autoconciencia. Si parecen contradecir lo indicado por la carta 1, probablemente no llegó a comprenderse realmente bien a sí mismo. Juntas, estas tres primeras cartas le proporcionan una idea de cómo se vio a sí mismo y qué fue usted realmente en esta vida pasada.

Las cartas 2 y 3 también pueden mostrarle las principales fuerzas que fluyen a través de esta vida y que pueden haber estado tirando de usted en dos direcciones diferentes. Los desequilibrios en nuestras psiques ocurren cuando permitimos que un deseo ensombrezca los demás. Eso crea a menudo una deuda kármica que tiene que ser superada en algún tiempo futuro.

Pero, antes que nada, estas cartas muestran los rasgos de carácter que usted era consciente de poseer o los que creía que poseía y, en consecuencia, trató de proyectar. No es insólito que estas cartas se hallen en conflicto, mostrando fuerzas que tiran de usted en dos direcciones diferentes. La mayoría de nosotros tenemos que tomar grandes decisiones en el camino de la vida, que sabemos afectarán al resto de nuestra existencia. En la mayoría de las ocasiones sólo podemos elegir una y confiar en que sea la mejor. A medida que continúa la lectura, obtendrá un mejor sentido de cómo calibró con exactitud su autoimagen y tomó sus decisiones personales en esta vida pasada y cómo aquellas decisiones impactan su vida actual.

Carta 4

Es la carta que representa el sí mismo físico en esta vida pasada. También puede dar una indicación del estatus social y económico, o decirle algo acerca de su salud en esa vida.

Carta 5

La quinta carta le permite examinar someramente a los impulsos espirituales y emocionales de esta vida pasada.

Carta 6

La carta 6 le ofrece percepción sobre el sí mismo apasionado. Quizá le indique lo que valoró más y aquello por lo que más estaba dispuesto a luchar o conservar. También puede mostrar si se sintió usted conmovido o no por sus pasiones o si permitió que las cosas sucedieran tal como venían.

Carta 7

Esta carta le da una indicación de su intelecto y, quizá, de su nivel de educación. Tenga en cuenta que la educación fue un privilegio de las clases ricas en la mayoría de las sociedades y, en la mayor parte de los casos, únicamente estaba reservada a los niños varones.

Por otro lado, todos conocemos el caso de hombres y mujeres famosos que aprendieron a leer y se convirtieron en autodidactas. Compare esta carta con la 6 para saber si el aprendizaje pudo haber sido una de sus pasiones.

Carta 8
Esta carta lo muestra en su trabajo. También puede ofrecerle una indicación acerca de su estatus social.

Carta 9
Esta carta lo muestra en el hogar, con su familia y debería proporcionarle percepción sobre cómo pasaba una parte de su tiempo libre.

Carta 10
La carta 10 es la de las esperanzas y los sueños.

Carta 11
La carta 11 es la de los temores y desilusiones.

Carta 12
Esta carta le muestra cómo lo percibieron sus superiores en ambientes sociales o laborales. Todos sabemos que presentamos caras diferentes ante gente distinta en situaciones específicas. Esto es algo que no ha cambiado con el tiempo. La carta 12 es la primera del círculo exterior de cartas y nos dice cómo lo vieron otros en su comunidad. Es posible que concuerde o que entre en conflicto con su autoimagen.

Carta 13
Esta carta muestra cómo lo veía su familia más inmediata.

Carta 14
Esta carta muestra cómo lo vieron sus subordinados o inferiores sociales.

Carta 15
Esta carta muestra cómo lo vieron aquellas personas con las que trabajó o que fueron sus iguales a nivel laboral o social.

Carta 16
Esta carta muestra cómo lo percibieron los extraños en las reuniones sociales.

Carta 17
Esta carta muestra cómo lo vieron sus amigos. Recuerde que la gente a la que consideramos como amigos no siempre defienden nuestros intereses más acuciantes, y esta carta puede revelar el doloroso conocimiento de que alguien en quien confió en su vida pasada le traicionó a sus espaldas. Esa persona pudo haber sabido o no que sus acciones sabotearon o intensificaron su vida.

Carta 18
Esta carta muestra cuán lejos llegó en el logro de sus objetivos personales y espirituales durante esta vida pasada.

Carta 19
La última carta de esta tirada le indica cuánto de realidad hubo en sus temores y puede mostrarle en qué aspectos se sintió más desilusionado en esa vida pasada. Esas decepciones son difíciles de superar en una sola vida. Es posible que descubra que los hilos perdidos de este tema continúan afligiéndolo en su vida actual.

Ejemplo de lectura

Carta 1: El Mago
Es una excelente forma de empezar casi cualquier lectura en la que el sujeto intente buscar la verdadera esencia de sí mismo. La carta del Mago representa a alguien que tiene la habilidad de tomar va-

riados elementos y juntarlos para que funcionen como uno solo. Obsérvese que la figura clave tiene las herramientas rituales para representar y dirigir los cuatro elementos, más el elemento unificador del espíritu y el símbolo del infinito, mostrado en forma de un ocho invertido por encima de la cabeza del Mago.

Cartas 2 y 3: Diez de pentáculos, ocho de espadas

Éstas son las dos grandes cartas de cruce que indican las dos influencias más abrumadoras que exigieron atención o que obligaron al sujeto a tomar una decisión importante en su vida. En este caso, el sujeto muestra un conflicto interno en la autopercepción. Estaba, por un lado, el aspecto positivo que deseaba proyectar, pero que pudo haber temido que le hiciera parecer débil o vulnerable. Por el otro lado, muestra tanto lo que espera que pudo haber sido y lo que tema que pudiera ser, especialmente cuando los aspectos relacionados con el temor se corresponden con lo que esa persona cree que otros pudieran ver en ella.

El diez de pentáculos muestra una vida feliz llena de comodidades y una familia de apoyo, pero el ocho de espadas señala a alguien convencido de hallarse atrapado e incapaz de moverse para alcanzar la verdadera felicidad.

Obsérvese, en la carta, cómo los ojos y las manos están cubiertos y atadas, pero las piernas están libres.

Lo único que tiene que hacer, por tanto, es dar un paso hacia delante para seguir el camino y alejarse de la marea que sube y de la jaula de espadas que la rodea.

Carta 4: Seis de bastos, invertido

Ésta es la carta del liderazgo ganado con justicia y administrado con sensatez.

No obstante, en posición invertida, esta carta indica que la victoria no fue total.

Los amigos y los colegas en quienes se confía pueden haber trabajado incluso contra el sujeto. Esto implicaría que alcanzó la mayoría de sus objetivos, pero que no fue una victoria gozosa.

Carta 5: El Sol, invertido

La palabra clave de la carta del Sol es «éxito». No obstante, en la posición invertida implica que el éxito no se consiguió tal como el sujeto deseaba que se presentara. Debido posiblemente a los conflictos en las cartas 2 y 3, el sujeto se sintió empujado hacia dos direcciones contrapuestas, incapaz de entregarse por completo a alcanzar el objetivo externo.

La carta también podría implicar que el éxito se alcanzó ante la vista de los demás, pero que no logró todos sus ideales individuales.

Carta 6: Los Enamorados

Nos encontramos aquí, una vez más, con una carta que implica sentirse desgarrado entre dos caminos o estilos de vida. Quizá se trate de un conflicto de dedicar tiempo a la familia o al trabajo, o de tomar la decisión de actuar honestamente en los negocios o no ser precisamente honesto.

Sea cual fuere el conflicto, los Enamorados nos dicen que hay que tomar una decisión. También implica que los objetivos se alcanzan mucho más fácilmente teniendo al lado a un amigo o a un miembro de la familia en quien se confía, como socio de las aventuras. Sólo cabe confiar en que el sujeto elija a sus compañeros con cuidado.

Carta 7: Siete de bastos

Esta carta indica la fructífera superación de grandes obstáculos para lograr los objetivos que el sujeto se ha planteado en la vida. Puesto que la carta 7 se relaciona con el intelecto y el estudio, cabe asumir con seguridad que nuestro sujeto se vio motivado hacia el autodidactismo en esta vida pasada y que trabajó duro para lograr el conocimiento y ponerlo en práctica.

También puede indicar un aprendizaje llevado a cabo con éxito, como recompensa por su tenacidad, aun cuando pueda haber otros candidatos valiosos en términos de antecedentes y estatus social.

Carta 8: Tres de pentáculos, invertido

Mientras que al tres de pentáculos se lo reconoce como la carta del maestro en su arte, en posición invertida indica una falta de orgullo por el propio trabajo y quizá celos por el trabajo de aquellos otros que están dispuestos a emplear en su trabajo un tiempo y una energía que el sujeto no está dispuesto a conceder. También puede indicar que el sujeto tuvo menos talento en el campo elegido, en comparación con otros.

Si esta baja calidad del trabajo es observada por superiores o clientes, es muy probable que perdiera su posición. En caso contrario, se puede manifestar como culpabilidad que aflige al karma del sujeto en su actual lugar de trabajo.

Carta 9: Diez de copas

El diez de copas es la carta de la familia y de otros que se encuentran cerca de nosotros. Nos muestra una unidad gozosa y el encanto de una familia cercana ante la presencia de los demás. Está claro que, en esta vida, la familia del buscador fue una gran fuente de felicidad y de apoyo. Probablemente, eso permitió que el trabajo pareciese más tolerable y le proporcionó el incentivo para regresar al hogar cada noche a fin de renovarse a sí mismo.

Carta 10: Nueve de copas

La carta 10 muestra algunas de las esperanzas y sueños del buscador. El nueve de copas indica satisfacción en todos los ámbitos de la vida, incluida la vida laboral, que, por lo que respecta a esta lectura, se muestra como una fuente de temor y de infelicidad en esta vida pasada. El sujeto espera la riqueza y el reconocimiento de su habilidad profesional, pero es posible que no se le conceda ninguna de las dos.

Carta 11: Siete de espadas, invertida

Ésta es la carta de las desilusiones y de los sueños hechos añicos. Con el siete de espadas invertido en esta posición, podemos asumir que el sujeto fue capaz de ocultar mucho del odio que experimentó contra su situación laboral y rechazó el sabio consejo de aquellos que trataron de ayudarlo a encontrar su camino hacia la verdadera felicidad vocacional.

Carta 12: El Diablo

El Diablo es la carta que nos muestra encadenados a las cosas materiales en la vida, a veces a costa de aquellos aspectos intangibles que hacen que merezca la pena vivirla. En esta posición, la carta indica cómo los superiores o los iguales sociales vieron al sujeto. En este caso, vieron a alguien decidido a alcanzar el éxito en su profesión, apoyado por la implicación de la carta 11, en el sentido de que se ocupó de ocultar bien el disgusto por su trabajo y la apatía.

Carta 13: Siete de pentáculos

El siete de pentáculos es la carta de alguien complacido con lo que le ha proporcionado su trabajo. También se encuentra en la posición que indica cómo vio al sujeto su propia familia. Una vez más, vemos el apoyo y el amor de la familia, que considera a una persona cuyo trabajo duro es tan satisfactorio como bien remunerado.

Carta 14: Caballo de pentáculos, invertido

En su posición invertida, el caballo ofrece su pentáculo a la carta 6. Eso indica que la oferta se hace con vacilación, mostrando, de nuevo, un deseo de obtener riquezas que no han sido justamente ganadas. En la posición de la carta 6 tenemos a los Enamorados, lo que indica un empuje hacia dos direcciones contrapuestas, que quizás iluminen la lucha interior de alguien que no puede ser o alcanzar todo aquello que desea profundamente. También indica que aquellos que fueron sus amigos pudieron ver a través de esta capa de engaño, tan cuidadosamente barnizada.

Carta 15: Rey de espadas, invertido

Esta carta muestra cómo los iguales vieron al sujeto. Si esta carta hubiera aparecido derecha, la visión habría sido de justicia y soberanía. En su posición invertida, sin embargo, la espada señala hacia abajo, hacia la nada, indicando que, a pesar de todas las posturas y esfuerzos del sujeto, quienes lo rodeaban supieron que no era todo lo que pretendía ser.

Carta 16: Tres de espadas

Los extraños pudieron sentir la confusión interna del sujeto, quizá porque tenía menos razón para intentarlo y ocultarles la verdad. El tres de espadas muestra la destrucción de algo valorado por el sujeto, pero indica también que no todo está perdido; todavía se mantiene con fuerza algo positivo, que quizá sea el amor de su familia.

Carta 17: Nueve de bastos

Los amigos del sujeto lo vieron como reservado, en guardia, como si esperase un castigo catastrófico, demasiado grave como para equilibrar cualquier karma negativo acumulado en su vida pasada.

Carta 18: Nueve de pentáculos

El conflicto evidente entre los sentimientos del sujeto por su trabajo y por su hogar impactó tanto en sus objetivos personales como espirituales. Está claro que no se satisfizo el objetivo personal de recompensas por un trabajo bien hecho, pero el nueve de pentáculos también indica que el sujeto se concentró en buscar, como su más alto objetivo, el lujo y una vida fácil para sí mismo.

Puesto que ésta es asimismo una carta de paz interior, podemos suponer que el amor y el apoyo de la buena vida familiar de esta mujer pudo haberse sentido como un sustituto del verdadero crecimiento espiritual.

Carta 19: El Emperador, invertido

La última carta de esta tirada reúne la realidad y la autopercepción de los temores y sueños del buscador. El Emperador es una carta de figura paterna, de poder sereno y de satisfacción, pero invertida indica una ineficacia general de todos los caminos seguidos para alcanzar los sueños y las esperanzas de esta vida. Dejando aparte las bendiciones de una buena vida familiar, esta persona vivió con su descontento, temerosa de que la descubrieran siendo menos de lo que deseaba ser.

Otras indicaciones

Como puede ver por la lectura de prueba, las cartas más cercanas al centro representan los acontecimientos y relaciones más cercanos al sujeto. El círculo exterior representa a quienes estaban más distantes, aunque lo bastante cerca como para haber ejercido un gran impacto en esta vida pasada.

El aspecto general de las cartas muestra la existencia de un conflicto entre lo que el sujeto deseaba ser y lo que fue en realidad. Es patente que esos dos intereses predominantes en su vida fueron una familia a la que adoraba y una vida laboral que le ofrecía la promesa de grandes riquezas, pero que no llegaron a realizarse en esa vida. Y, sin embargo, la vida le resultó soportable gracias a que su familia lo apoyó y cuidó.

Si el sujeto no ha sido consciente de esta vida pasada antes de esta lectura, aconseje a la buscadora que examine la tirada por la noche, antes de irse a dormir. Eso la ayudará o inducirá sueños que pueden proporcionarle una comprensión más profunda de esta vida pasada. El tema también puede ser explorado más ampliamente mediante autorregresión o por regresión hecha para ella por alguien que trabaje el tema.

9
Tirada del feng shui

*E*l feng shui es el arte chino de hacer que la energía positiva o *chi* fluya sin impedimentos a través del lugar donde vive, de su espacio de trabajo y, en consecuencia, en toda su vida. La FIGURA 15 muestra un mapa feng shui estándar. Se lee siempre desde el punto de entrada a su hogar u oficina, por lo que el octavo de la carrera se encuentra siempre directamente en frente y el octavo de la reputación se encuentra directamente a la espalda de su habitación o habitaciones.

Al realizar esta lectura para descubrir quién fue usted en el pasado, compárelo con su presente y vea si continúa sintiéndose agobiado por algún ámbito que quedó bloqueado o que fue insatisfactorio en el pasado. En tal caso, sería aconsejable aprender un poco de feng shui para abrir el flujo de la energía en ese mismo ámbito de su hogar u oficina.

Un buen libro para empezar es el de Richard Webster, *Feng Shui for Beginners* (Llewellyn, 1997).

Una vez que haya barajado las cartas y las haya cortado, extiéndalas siguiendo la pauta que se muestra en la FIGURA 16. Todas las cartas se leerán tal como caen, derechas o invertidas.

Carta 1
Es la carta de su carrera profesional y debería proporcionarle percepción sobre su vocación en la vida pasada.

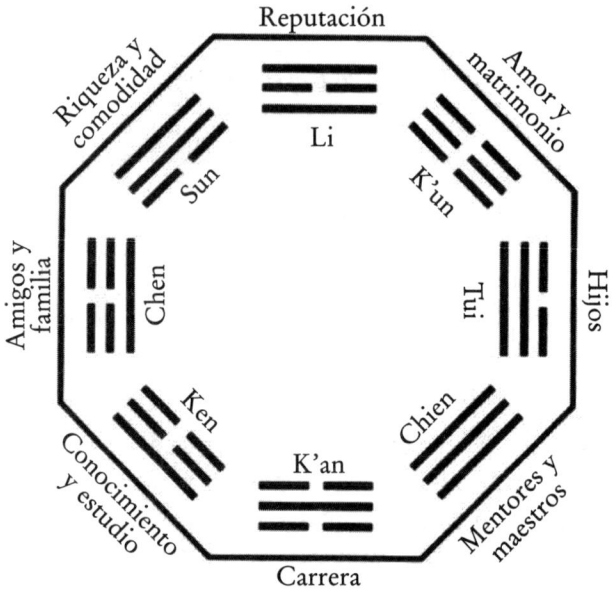

Figura 15: Modelo feng shui

Carta 2

Éste es su ámbito de conocimiento y de estudio y puede mostrar si le faltó educación y en qué aspectos ésta fue más fuerte. También puede indicarle qué cosas necesita aprender todavía.

Carta 3

Esta carta representa a los mentores o maestros de esta vida pasada. En lugar de decirle quiénes o qué fueron, esta carta le muestra la influencia que tuvieron sobre su vida, tanto benéfica como desfavorable.

Carta 4

El ámbito de la familia y de los amigos debería darle una idea del tipo de familia y amigos que tuvo en el pasado y de cómo influyeron sobre su vida.

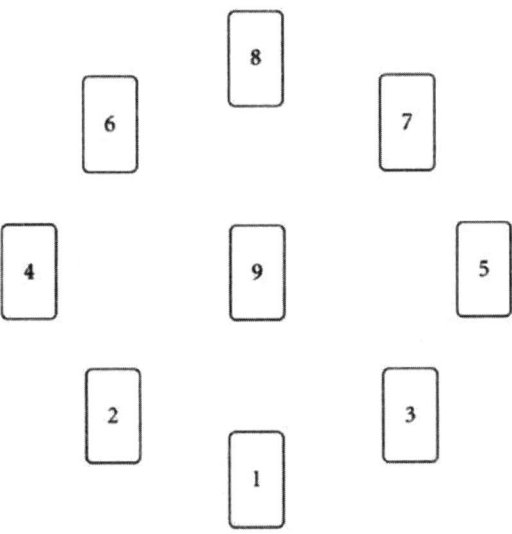

Figura 16: La tirada del feng shui

Carta 5

Esta carta representa a sus hijos. Tenga en cuenta que sus hijos pueden ser cualquier cosa a la que usted haya dado «nacimiento» y no tiene por qué referirse necesariamente a la descendencia genética. Su bebé puede ser un proyecto querido, un trabajo, una afición o deporte o, incluso, los objetivos personales.

Carta 6

Ésta es la carta que muestra cómo fue la solidez de sus finanzas y de qué nivel de comodidad disfrutó durante esta vida pasada. También le indica una generosidad de espíritu o bien su ausencia.

Carta 7

Ésta es la carta del amor y del matrimonio y le muestra los detalles de su relación con su pareja significativa en el pasado.

Carta 8

Este último ámbito representa su honor personal, la reputación que se ha ganado en su vida pasada. Quizás encuentre paralelismos entre esta carta y su reputación en la vida actual.

Carta 9
Esta última carta sintetiza lo que usted fue en su pasado y en qué estado mental abandonó esa vida pasada.

Ejemplo de lectura

Carta 1: La Muerte
En el ámbito de la carrera profesional encontramos una carta de cambio profundo y duradero. Esto puede indicar un cambio en las circunstancias económicas, un aprendizaje inesperado, una herencia o un matrimonio ventajoso.

Carta 2: Tres de bastos
El ámbito que gobierna el conocimiento y el estudio muestra el tres de bastos, una carta indicativa de alguien que está abierto a nuevas ideas. Observe las tres naves que navegan para entrar en el puerto, al fondo. Éstas contienen una gran riqueza de conocimientos que se encuentran disponibles en caso de que el estudiante se disponga a hacerlos suyos.

Carta 3: El rey de copas
No caiga en la trampa de pensar que esta carta muestra la personalidad de un mentor o maestro sólo porque se trata de una carta de corte. Esta posición sólo muestra la influencia de cualquiera o de todos los mentores y maestros del buscador, en una vida pasada específica. En este caso, muestra una profunda emoción e intuición. En mi mazo de cartas, la figura del rey mira hacia la carta 5, que es la de los niños. Sería por tanto razonable suponer que los mentores y maestros indujeron un florecimiento emocional por algún arte o vocación específicos, o por cualquier otra cosa que el buscador hubiera «dado a luz».

Y, en efecto, también puede indicar que uno dispuso de excelentes modelos de rol que permitieron al sujeto amar y cuidar a los hijos que tuvo bajo su cuidado.

Carta 4: La Estrella
La palabra clave de la Estrella es «esperanza». La indicación es que los amigos y la familia se apoyaron mutuamente. Observe la figura con un pie sobre la tierra y el otro en el agua. Eso simboliza que el éxito, en este caso en la familia y en las amistades, abarca todos los mundos y trasciende una vida para ser transmitido a otras. Otra indicación es que el buscador está aprendiendo lecciones espirituales y que su espíritu está creciendo.

Carta 5: Siete de bastos, invertido
El ámbito de los hijos es una inversión de las energías protectoras. Esto no significa que el buscador no fuese protector de sus creaciones o hijos, sino que no experimentó la necesidad de un estado constante de vigilancia sobre ellos. La seguridad puede ser una palabra clave mejor para este ámbito de su vida.

Carta 6: Seis de pentáculos, invertido
En la carta de la riqueza y la comodidad nos encontramos con el viajero modesto que, aun no siendo rico por derecho propio, sigue siendo generoso con los demás. No obstante, en esta lectura esa energía generosa aparece invertida. Eso puede ser una indicación de que el sujeto no dio tanto como podría haber dado a los demás, aunque no está claro si fue por avaricia o por temor a que no le quedara lo suficiente para sí mismo.

Carta 7: La Emperatriz
El ámbito del amor y del matrimonio nos muestra a la Emperatriz, la madre terrenal por excelencia, que trae consigo su fertilidad, comodidad, abundancia y alegría.

Carta 8: Dos de pentáculos, invertido

La carta que se refiere a la propia reputación abarca muchos ámbitos de la vida del buscador. El dos de pentáculos aparece a menudo en lecturas para referirse a personas que trabajan duro y equilibran varias cargas sin dejar caer nada. En este caso, la energía aparece invertida, lo que indica que el sujeto tuvo fama de duro trabajador y que hizo todo lo que pudo, si bien no siempre terminó todas las tareas iniciadas.

Carta 9: La Rueda de la Fortuna

Como afirmación general sobre esta vida pasada, la Rueda de la Fortuna es una carta de misterio. Aunque aparece en posición derecha, lo que indica que la mayor parte de la vida vivida fue de felicidad general y de buena suerte, sabemos que la Rueda está siempre en movimiento y puede girar en cualquier momento y situarse al revés.

Otras indicaciones

En conjunto, ésta fue una vida feliz. No fue de gran riqueza, pero sí de comodidad derivada de un modesto trabajo y de una familia cariñosa. En ocasiones, el buscador trabajó demasiado duro y con frecuencia hizo creer a los demás que trató de hacer demasiado. En ocasiones, los demás ven eso como un rasgo positivo, pero en otros casos lo perciben como algo negativo.

Tiradas alternativas

Si desea que esta lectura sea más perceptiva, puede extender primero las cartas tal como se muestra en la FIGURA 16, para luego extender sobre ellas otra tirada, siguiendo la citada FIGURA 16. Las primeras cartas le mostrarán lo que ocurrió y las segundas le mostrarán cuál fue la reacción del sujeto o el impacto final de los acontecimientos.

Otra lectura alternativa consiste en efectuar una tercera tirada sobre la segunda. La de abajo indica el ámbito de lo físico en relación con cada uno de los ochos ámbitos, las segundas tirada se refiere a lo emocional y lo mental y la tirada de arriba se refiere a lo espiritual.

Si conoce el arte del feng shui, puede utilizar esta misma tirada, menos la carta del centro, para descubrir dónde se encuentran las debilidades y los bloqueos de energía en su hogar. Tome medidas para desbloquear esa energía y compruebe cuánto más fácil resulta ese ámbito en su vida.

10
La tirada de las convergencias de la vida

Esta tirada está diseñada para mostrar la cadena de acontecimientos que lo condujo a su vida actual con alguien con quien estuvo estrechamente asociado en una o más vidas de su pasado. A través de sesiones de regresión formal a vidas pasadas, de los sueños repetitivos o de las meditaciones, verá que puede tratarse de alguien de quien ya sabe que ha formado parte de ambas vidas o de alguien a quien no reconoce habiendo formado parte de su pasado, hasta que haga la lectura. Naturalmente, la forma que tenga de plantear mentalmente la pregunta mientras baraja y corta las cartas será la que determine qué dirección tomará la lectura.

Muchas personas, incluidos los profesionales médicos, que investigan en las vidas pasadas, escriben que nos reencarnamos con grupos de gente de nuestro pasado. Eso no es así debido únicamente a un lazo kármico, sino que representa un vínculo similar al de los primitivos humanos o de los animales salvajes, que dependen unos de otros para sobrevivir. Es una promesa que nos hicimos mutuamente, para ayudarnos y apoyarnos a través de las pruebas y los triunfos de la vida. A través de esta lectura podrá descubrir la existencia de un vínculo pasado con alguien de cuya existencia no era usted consciente, o bien puede confirmar sus sospechas sobre la existencia de un vínculo. Y, a la inversa, quizá descubra que alguien de quien sospechaba que había formado parte de su pasado, está teniendo ahora su primera encarnación con usted.

Al llevar a cabo esta lectura, sea consciente de que no todas las relaciones continuadas son felices o sanas y puede que descubra indicaciones sobre la existencia de un vínculo negativo que necesita romper. Lea cuidadosamente las cartas cruzadas para descubrir lo que necesita hacer en esta vida para cortar los lazos que lo atan a esa otra persona de una vida pasada.

Si mantiene una relación que supone un peligro para usted o para cualquier niño o anciano que estén a su cuidado, salga inmediatamente de su situación actual. Su seguridad y la seguridad de sus personas queridas son las que deben tener prioridad. Una vez que todos aquellos que dependen de usted se encuentren en un lugar seguro, entonces puede reflexionar sobre la relación y explorar más a fondo los lazos del pasado que hicieron que se reunieran los dos.

Una vez que haya barajado y cortado las cartas, extiéndalas de acuerdo con la tirada mostrada en la FIGURA 17.

Cartas 1, 2, 3 y 4

Las cartas 1 a 4 muestran el principio del camino que lo reunió con esa otra persona en una vida pasada.

Cartas 5 y 6

Estas cartas representan su primera encarnación con esa otra persona. La carta 5 lo muestra a usted en esa vida pasada y la carta 6 muestra a la otra persona.

Carta 7

Esta carta muestra el lazo kármico o la razón principal por la que usted y esa otra persona llegaron a ser tan importantes el uno para el otro como para volver a encontrarse en otra vida.

Cartas 8, 9, 10 y 11

Estas cartas representan otra vida que vivió sin esta otra persona o el intervalo transcurrido entre las vidas que vivieron juntos. Las cartas 8 y 9 se refieren a usted y las cartas 10 y 11 se refieren a la otra persona.

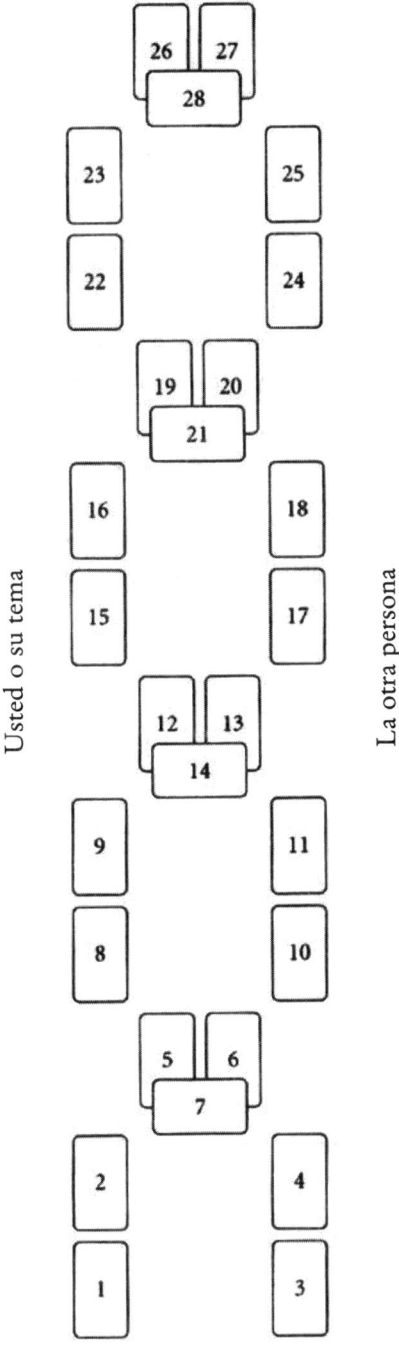

Figura 17: La tirada de las convergencias de la vida

Cartas 12 y 13

La carta 12 lo representa a usted en otra vida y la forma en que esa vida fue compartida y se vio afectada por esa otra persona. La carta 13 representa la vida de esa otra persona y la forma en que la compartieron y se vio afectada por usted.

Carta 14

Las cartas 7 y 14 muestran el vínculo kármico o la razón primordial por la que usted y esa otra persona fueron lo bastante importantes la una para la otra, como para reunirse y compartir otra vida.

Cartas 15, 16, 17 y 18

Lo mismo que las cartas 8 a 11, este agrupamiento representa o bien otra vida que vivió sin interaccionar con esta persona o un período intermedio entre las vidas que vivieron juntos. Las cartas 8 y 9 lo representan a usted y las cartas 10 y 11 representan a la otra persona.

Cartas 19 y 20

Estas cartas los muestran a usted y a la otra persona compartiendo juntas otra vida.

Carta 21

Esta carta muestra el vínculo kármico o la naturaleza de la relación que vincula a los dos de una vida a otra.

Cartas 22, 23, 24 y 25

Estas cartas representan o bien otra vida que vivió sin la otra persona, o un período intermedio entre las vidas que vivieron juntos. Las cartas 22 y 23 lo representan a usted y las cartas 24 y 25 representan a la otra persona.

Cartas 26 y 27

Estas cartas los representan a usted y a la otra persona en sus vidas actuales.

Carta 28

Esta última carta de la tirada no sólo muestra el vínculo o la naturaleza kármica de su relación actual, sino que también puede decirle qué hacer para romper el lazo de reencarnación mutua o cómo fortalecer su conexión, para poder reunirse de nuevo en otra vida.

Ejemplo de lectura

Obsérvese que, a continuación, utilizo el femenino para referirme al sujeto y el masculino para referirme a la persona con la que ella tiene lazos kármicos. Esto se ha hecho así únicamente por motivos de claridad. Nuestro sujeto pudo haber sido mujer en una vida y hombre en las otras. Del mismo modo, la persona con la que mantiene un vínculo kármico pudo haber cambiado de género a lo largo de las vidas que pasaron juntos. Es posible incluso que se reencarnen en el mismo género, lo que daría un nuevo giro o profundidad a una relación en marcha.

Cartas 1 y 2: Ocho de espadas, cinco de bastos

Estas cartas muestran al sujeto sumido en un estado de temor, incapaz de elegir una dirección definida y de seguir adelante. Las energías aparecen diseminadas y no está claro si ella está reuniendo o separando las cosas.

Cartas 3 y 4: Seis de bastos, el Mago

La historia de la otra persona es de éxito, de ser capaz de tomar las energías diseminadas y ponerlas en armonía. Esta disparidad entre talentos puede ser una de las razones por las que estas dos personas se juntaron.

Carta 5: El Carro, invertido

Emparejada con la otra persona, el sujeto es más capaz de reunir sus energías diseminadas. No se siente lo bastante segura de sí misma y de sus capacidades, por lo que muchos de sus pasados esfuerzos no alcanzaron éxito.

Carta 6: Sota de espadas

En esta primera vida juntos, la otra persona es arisca y desconsiderada, lo que pudo haber formado parte de su atractivo para un sujeto temeroso de salir al mundo exterior por su propia cuenta. En mi mazo de cartas, la sota tiene el rostro vuelto hacia el otro lado de la carta del sujeto, lo que indica una falta de compromiso para ayudarla a superar sus temores pasados, que la han seguido hasta esta vida.

Carta 7: Nueve de espadas

Esta carta muestra que el vínculo forjado en la vida pasada fue de duda, temor y soledad. Todas las luchas del sujeto se mantienen todavía en lo más profundo de sí misma, lo que crea un vínculo kármico de dependencia que volverá a reunir a las dos personas en otra vida.

Cartas 8 y 9: Reina de copas (invertida), dos de espadas

Las emociones del sujeto están desequilibradas; los sentimientos de amor y compromiso pueden estar confusos o no ser correspondidos, lo que no hace sino intensificar su baja autopercepción.

Cartas 10 y 11: Rey de pentáculos, dos de pentáculos

Estas dos cartas del mismo palo indican a alguien que es estable en el hogar o en los negocios, capaz de ser fuerte para los demás y de asumir muchas responsabilidades.

Carta 12: Reina de pentáculos, invertida

Vemos un cierto crecimiento en la vida del sujeto en el estable pentáculo centrado en la tierra, pero la carta aparece invertida. Esto muestra que las energías del sujeto no se están dirigiendo hacia donde ella desea que se encaminen. Ella se siente descontrolada. En mi mazo de cartas, la reina de pentáculos invertida hace el gesto de mirar a la carta de la vida del otro individuo como si todavía buscara fortaleza en él.

Carta 13: Ocho de bastos

Esta carta representa la energía en acción, el movimiento hacia delante con toda la intensidad y el valor del elemento de fuego. No cabe la menor duda de que él le proporcionó apoyo emocional al sujeto en esta vida y que ella se acostumbró a depender de ese apoyo.

Carta 14: La Fuerza

La carta que establece un puente entre las dos personas en esta vida es la Fuerza. Probablemente, esto significa que él está muy ocupado desempeñando su papel de ayudar al sujeto con los problemas que quedaron sin resolver en su última vida juntos. Todavía está por ver, sin embargo, si eso ayuda a la sujeta a aprender a amarse a sí misma y a salir adelante por sí sola.

Cartas 15 y 16: La Papisa, dos de bastos

En este intervalo vemos finalmente crecimiento en el sujeto. Como la Papisa, aprende a controlar algunos de los aspectos de su vida que hasta entonces habían estado fuera de control. Lo mismo que el Mago, la Papisa posee la confianza y la habilidad para reunir diversos elementos que se hallan diseminados y hacerlos trabajar juntos en un todo armónico.

El dos de bastos muestra que ella está esperando y observando que algo o alguien acuda hasta ella. Quizá busca de nuevo al compañero que la ayudó en vidas pasadas. Pero obsérvese que permanece sola y que ahora cuenta con los dones de la Papisa. Todos los elementos se hallan en su lugar para que ella se haga cargo de su propia vida y empiece a dirigirla. En estas dos cartas, sin embargo, no se indica si ella se da cuenta o no.

Cartas 17 y 18: La Muerte, as de bastos (invertido)

La vida de la otra persona muestra que en el intervalo se están produciendo profundos cambios, como indica la carta de la Muerte. Tras la Muerte vemos un as, una carta de nuevos principios y aventuras. Puesto que aparece invertida, podemos asumir que ésta se inició con dificultades. En esta vida, las energías del fuego empiezan a fallarle a él, es decir, la pasión y el valor que este hombre desplegó en vidas pasadas.

Vemos aquí que los papeles que han realizado este hombre y esta mujer el uno para la otra durante varias vidas empiezan ahora a invertirse.

¿Puede ella apoyarlo de la forma en que él la apoyó? ¿Puede ella hacer actuar a su papel de Papisa cuando las cosas salgan mal, para llevarlos a ambos hacia la seguridad?

Carta 19: Dos de copas

El sujeto ofrece asociación, amor y quizá matrimonio a la otra persona. En mi mazo de cartas, este ofrecimiento muestra a un león alado por encima de la unión conectándolos de nuevo con la carta de la Fuerza que cruzó sus vidas pasadas en común.

Carta 20: Cuatro de bastos

La otra persona nos muestra otra asociación, en la que una pareja se une para formar su propio hogar y familia.

Carta 21: La Estrella

La Estrella es siempre la carta de la esperanza y de los deseos realizados. Esta carta de cruce muestra crecimiento y satisfacción para ambos sujetos, mientras ellos se preparan para salir de esta vida en común.

Cartas 22 y 23: Diez de bastos, nueve de pentáculos

En el viaje del sujeto a otra vida, la vemos llevar consigo una carga opresiva procedente de la relación pasada.

Ésta no es necesariamente una mala carta. Nos muestra que el sujeto ha crecido y que ahora ya es capaz de soportar su propia carga sin ayuda.

El nueve de pentáculos muestra a una mujer satisfecha con su vida, confiada en su habilidad para hacer lo que necesita hacer. En el brazo lleva un halcón peregrino, un formidable cazador y aliado.

Cartas 24 y 25: Cuatro de copas, tres de bastos (invertido)

En esta vida, se le han dado al sujeto los medios para ayudar a la otra persona, del mismo modo que él la ayudó en el pasado. Vemos un ofrecimiento que él no puede ver porque su atención se halla fijada en otros temas.

En el tres de bastos, lo vemos buscar un «barco al que subirse», pero, al estar la carta invertida, el barco nunca llega o no trae consigo todo lo que él esperaba.

Carta 26: Seis de copas

En su vida actual, el sujeto hizo una oferta de amistad y de asociación a la otra persona, pero esta carta no nos permite ver si la oferta fue aceptada o no.

Carta 27: Diez de pentáculos

Esta carta muestra éxito en la vida del hogar y en los negocios. Esos éxitos pueden estar vinculados con la asociación o amistad que el sujeto le ofreció. La carta de cruce nos dirá más sobre el karma y los lazos que estas dos personas siguen cultivando.

Carta 28: As de pentáculos

Es una carta de nuevos principios y, en particular, de cómo se relacionan con el hogar o con los negocios. Los dos sujetos están atados por este vínculo y pasarán sus vidas actuales juntos, elaborando el tema del as, tal y como ha sido transmitido a partir de un largo pasado común.

Otras indicaciones

A medida que las vidas de los dos sujetos progresan la una a partir de la otra, pueden desarrollar nuevas personalidades para las cartas 26 y 27 y la carta que las cruza también puede cambiar. Ello es así porque todos ejercemos el libro albedrío y nada de lo que se refiera a nuestras vidas se halla esculpido en piedra.

Quizá le hayan salido cartas difíciles de leer o que no parezcan tener vínculos significativos. Las cartas que no tengan sentido en relación con cada uno de los dos o aquello que en ocasiones llamamos «lecturas basura», pueden significar que no hubo conexión en vidas pasadas que haya que comentar. La mayoría de la gente que hace lecturas para sí misma, obtiene este tipo de confusión cuando plantea preguntas para las que realmente no quiere obtener respuesta o para las que teme la respuesta.

En la posición de la carta 28, no es insólito encontrar la Rueda de la Fortuna, indicando que todavía faltan muchas cosas por llegar y que el cambio ocurrirá en las vidas de estas dos personas.

Tirada alternativa

Quizá desee eliminar del todo las cartas de cruce. Baraje y corte una sola vez para sacar de la torre de la reencarnación el lado de su sujeto. Luego, vuelva a barajar y a cortar a fin de extender las cartas para la otra persona y poder ver así cómo los karmas o las necesidades espirituales individuales los hicieron encontrarse. Esto pone mucho más énfasis en cada individuo y menos en los lazos kármicos que los han unido.

11
La tirada del tiempo omnisciente

En ocasiones, descubrimos que la percepción lineal de la reencarnación y las cartas del tarot se convierten en obstáculos para el progreso cuando empezamos a mezclar temas de tiempo y espacio. Sabemos que todo el tiempo es aquí y ahora y, sin embargo, el tiempo es omnisciente. No podemos verlo así sin mucha práctica e incluso un radio de visión de 360 grados dura muy brevemente, hasta que se ha obtenido una amplia experiencia trabajando y aprendiendo en otros mundos.

Esta tirada reúne cuatro de sus otras vidas que están ejerciendo el impacto más fuerte sobre su vida actual. Como puede ver a partir de la FIGURA 18, esta tirada está configurada como una gran X. Su sí mismo actual se muestra en el centro, en la carta 1. Las cuatro líneas de cartas que surgen a partir de ésta representan esas otras vidas que están produciendo el mayor impacto sobre la actual. Estas vidas influyentes no tienen por qué ser todas pasadas, ya que también pueden ser futuras. En la sección de «Tirada alternativa», al final del capítulo, se le indicará una técnica para aprender más sobre cualquiera de las líneas.

Carta 1

Esta carta lo representa a usted en el aquí y el ahora. Es posible que hable sólo de un aspecto de usted o bien puede proporcionarle una visión general. Si puede, intente concentrarse en un aspecto específico de su vida. Hacerlo así lo ayudará a decidir qué parte de su vida está siendo influida por sus otras vidas.

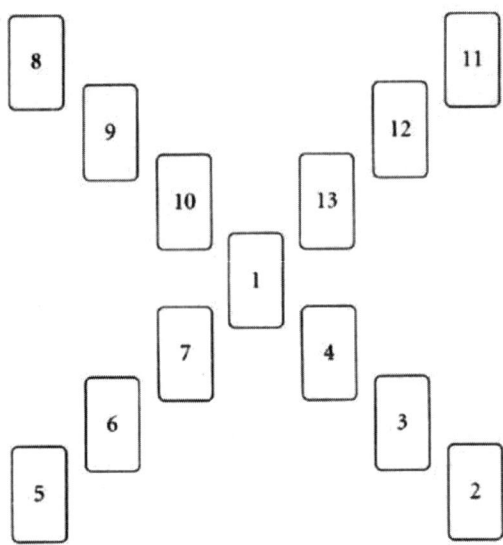

Figura 18: La tirada del tiempo omnisciente

Cartas 2 a 13

Cada hilera de cartas que se inicia a partir del encabezamiento del centro de la tirada lo representa a usted en diferentes vidas pasadas o futuras. Utilizaremos estas cartas para tratar de comprender lo que esas otras vidas están tratando de enseñarle acerca de su vida actual y cómo puede utilizar ese conocimiento para configurar su vida actual tal y como desea.

Ejemplo de lectura

Carta 1: As de bastos

El centro de la lectura muestra el tema principal del sujeto en este preciso momento de su vida actual. Es posible que sea un amplio perfil de su vida en general, o bien podría iluminar algo muy específico que necesita atención.

Procure liberar su mente de todo pensamiento lineal a medida que interpreta esta primera carta. Arroja luz acerca de qué influencias están teniendo sus vidas concurrentes sobre su personalidad presente. Su cambio de percepción desde lo lineal o cíclico a lo omnipresente lo ayudará a interpretar el significado de la carta del centro, algo que se hace más fácilmente al final de la lectura que ahora, al principio. En cualquier caso, necesita ser consciente de aquello que está buscando.

Cartas 2, 3 y 4: Cinco de copas, sota de copas, reina de pentáculos

Las influencias de esta vida parecen proceder de una pareja sentimental, con quien es posible que el sujeto haya convivido desde hace cierto tiempo en la vida específica aquí mostrada. El cinco de copas nos muestra un tiempo en una vida en el que el sujeto lamenta una pérdida. En este caso, su mirada es muy corta porque se niega a ver las dos copas llenas que todavía tiene cerca. Esa negación puede constituir una parte innata de la buscadora o una idea que le ha sido grabada en la mente por alguien.

La sota de copas sostiene una humilde estrella de mar, en lugar de una copa. La estrella es un emblema de esperanza y trascendencia, por lo que podemos asumir que, sea cual fuere la pérdida experimentada en el cinco de copas, el sujeto fue capaz de superarla y seguir adelante.

La reina de pentáculos es la última carta de esta vida. Representa a la madre tierra, la generosidad y la abundancia. Todavía no está claro si esto es un rasgo desarrollado en la buscadora, o pertenece a alguien que influyó en su vida para mejorarla.

Cartas 5, 6 y 7: Nueve de espadas, el Diablo (invertido), diez de espadas

Esta línea de vida muestra el desastre, seguido por el cambio, seguido por más desastre. Las dificultades pueden haber estado o no bajo el control del sujeto. Quizá fueron el resultado de una cadena kármica de acontecimientos que había que experimentar para superar.

El nueve de espadas muestra la conciencia del sujeto según la cual está perdiendo el control sobre su vida.

El Diablo representa un cambio profundo, pero en su posición invertida indica que el cambio no fue completo o fue inapropiado para el tema o lección que había que aprender. Téngalo en cuenta porque puede tratarse de un tema kármico que reaparezca en otro momento.

Esta vida termina con el diez de espadas, la carta de la derrota, del abandono.

Resulta difícil decir a qué aspecto de una vida se refieren estas cartas, pero, habitualmente, las espadas se refieren a comunicación, viajes, agresión, ambición y estudio.

Cartas 8, 9 y 10: As de copas, cuatro de bastos, tres de copas

La siguiente línea de vida parece señalar hacia una implicación sentimental. El as de copas puede representar cualquier aventura nueva gobernada por el agua, de modo que necesitamos examinar las otras dos cartas para tratar de perfilar mejor el tema.

El cuatro de bastos representa una relación feliz en equilibrio y armonía. Observe que las dos figuras bailan una junto a otra y que sus ágiles pies se adaptan el uno al otro, paso a paso. No están uno frente a otro, como adversarios, sino que miran conjuntamente en la misma dirección.

El tres de copas indica buena suerte, buenas amistades, las bendiciones del poder del número tres, un número sagrado en muchas tradiciones espirituales.

Cartas 11, 12 y 13: Siete de bastos, la Muerte, la Estrella (invertida)

Al echar un vistazo a esta línea de vida, todo parece indicar que nuestro sujeto llevó a cabo un valeroso esfuerzo para mejorar esta existencia, pero las cosas no salieron tan bien como había esperado.

El siete de bastos representa a un hombre vestido con un *kilt*, que sostiene un basto sobre otros seis que surgen de una trinchera situada por debajo de él. Si estudiamos su rostro, observaremos que no se encuentra enfrascado en el ardor de la batalla, sino que está vigilante, con una actitud protectora y dispuesto a luchar sólo si fuese necesario, quizá sólo por aquello que considerase correcto y honorable.

Fuera lo que fuese que hizo que nuestro sujeto siguiera el elevado camino moral produjo un cambio profundo en su vida. La Carta de la Muerte raras veces se refiere a la muerte física en ninguna lectura, antes bien señala hacia un cambio profundo y un renacimiento simbólico.

La Estrella es una carta de esperanza, que intenta mostrar equilibrio entre el mundo del espíritu y el de la materia. En su posición invertida, la carta indica que los objetivos de la buscadora no se alcanzaron tal como se esperaba. Eso, sin embargo, no quiere decir que se haya producido un mal final, sino, simplemente, un final que no estuvo a la altura de las expectativas.

Otras indicaciones

En esta lectura no hay un único tema. Todas las indicaciones son que las otras cuatro vidas han preparado al sujeto para un nuevo principio, bajo los auspicios de los bastos y del elemento fuego. El palo de bastos se relaciona con la energía y el crecimiento personal, las transformaciones, las pasiones y el éxito.

En esta tirada también predominan las copas y parecería que una pasada relación sentimental y los amigos que tuvo la pareja fueron satisfactorios y mejoraron la calidad de vida del sujeto, preparándolo quizá para hacer las cosas mejor en esta vida.

Las cartas 8 a 10 y las cartas 11 a 13 muestran las pautas de energía más unificadas, las primeras referidas a la vida sentimental del sujeto y las últimas indicando alguna gran pasión que hizo que el sujeto emprendiera una búsqueda para satisfacer una causa, algo que no funcionó tal como había esperado.

De hecho, las cuatro vidas que conducen a la vida actual, contienen el tema de los objetivos que quedaron fuera del alcance o que no llegaron a cumplirse.

Todas estas vidas parecen relacionarse con aspectos diferentes de la vida, antes que sólo con uno, lo que no hace sino confirmar nuestra valoración de que una variedad de vidas ha preparado a la buscadora para un renovado comienzo. Su tarea consiste ahora en aprovechar este conocimiento de los errores y triunfos del pasado, y entretejerlos en el futuro que ella desea.

El as de bastos como carta de la vida actual es perfecto. Lo mismo que sucede con todos los ases, representa nuevos comienzos. En el palo de bastos tiene una conexión con el conocimiento.

Recuerde:

Con el conocimiento llega la experiencia.
Con la experiencia llega la sabiduría.
Con la sabiduría llega el crecimiento espiritual.
Con el crecimiento espiritual llega la realización de nuestro propósito espiritual.

Tenga también en cuenta que estas cuatro vidas impactantes pueden ser también del futuro. Todo lo que hace el sujeto, todo lo que piensa y aquello sobre lo que actúa afecta a la dirección que tomarán todas sus otras vidas. El tiempo siempre está presente, nunca es lineal, sin que importe cómo lo percibimos en el plano terreno.

Tiradas alternativas

Si, después de haber hecho la lectura completa, sigue sin comprender cómo se relacionan esas otras vidas con su sí mismo actual, puede tirar otras dos cartas tomándolas de la parte superior del mazo. Coloque la primera sobre el lado izquierdo de la carta 1 y sitúe la segunda al lado derecho. Piense en estas cartas como sus colaboradoras, como su sí mismo en la sombra, que a menudo permanece oculto a través de muchas vidas.

Si está interesado en comprender qué ayudó a configurar todas o parte de las otras vidas en esta tirada, recoja todas las cartas de esa línea y sitúelas sobre la carta del centro. Concéntrese entonces en la vida acerca de la que desea saber más. Baraje, corte y siga la misma pauta de tirada de las cartas 2 a 13, mientras se concentra en obtener más información sobre una vida específica.

Si se pregunta qué otras vidas pueden estar influyéndolo ahora mismo, tómese la libertad de añadir otra hilera de tres cartas. Puede añadir hasta cuatro hileras más en cualquier lectura. Al examinar las cartas, sabrá si estas vidas están afectando a su vida actual o si están vinculadas con otras preocupaciones de su alma.

12
Tirada del crecimiento en tres vidas

$\mathcal{P}$ara esta tirada necesitará disponer de papel y bolígrafo con objeto de seguir el rastro de cada hilera vital a medida que aparezca. Esto es necesario porque la tirada se lleva a cabo en tres o más agrupamientos separados y no es nada insólito encontrar que la misma carta o cartas aparecen durante el transcurso de varias vidas. Eso le permite seguir la pista a la evolución de su energía o pauta de crecimiento. Para obtener su más clara lectura, debe tener todas sus cartas disponibles a fin de echarlas para cada vida.

El ejemplo de lectura que incluye este capítulo asumirá que sólo estamos leyendo tres vidas: una pasada, la presente y una futura. (Véase el apartado «Tiradas alternativas», al final de este capítulo, para encontrar otras formas de leer estas cartas de crecimiento capaces de expandir el alcance de su examen.)

Baraje las cartas, corte el mazo y extienda las cartas tal como se muestra en la hilera de abajo de la FIGURA 19. Ésta muestra una vida pasada cuyas energías e influencias siguen con usted. Cada hilera tiene ocho cartas. La hilera de abajo representa la vida más antigua. Las cartas 1 a 8 muestran el estado de su sí mismo físico, astral, mental y espiritual en una vida pasada. La primera carta que coloque lo muestra a usted tal y como llegó a esa vida. La segunda carta, que aparece parcialmente cubierta, muestra la influencia de esa vida sobre un aspecto particular de su vida actual. El impacto puede ser neutral, positivo o negativo. Aunque sea negativo, quizás haya podido elevarse por encima de ese vínculo kármico o cambiarlo. Este tipo de crecimiento se distingue con facilidad en esta tirada.

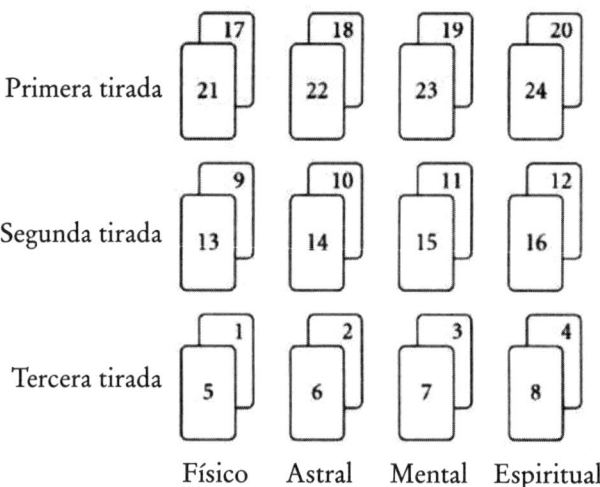

Figura 19: La tirada del crecimiento en tres vidas

Los aspectos físicos de su vida pasada quedan revelados en la primera pareja de la izquierda. En la hilera de abajo esto se refiere a las cartas 1 y 5. Los aspectos astrales se encuentran en la segunda pareja, las cartas 2 y 6. Representan la parte interior de sí mismo, aquella que tiene libertad para viajar a todos los tiempos y lugares con idea de aprender y crecer. El aspecto mental se muestra en la tercera pareja, las cartas 3 y 7, que se centran en sus procesos de pensamiento tal y como afectan y vinculan sus sí mismos espiritual y físico. El aspecto espiritual de su vida se muestra en la última pareja de la derecha o, en la hilera de abajo, en las cartas 4 y 8.

Una vez que haya leído y copiado las ocho cartas de la hilera de abajo, vuelva a colocar todas las cartas en el mazo, barájelas y córtelas de nuevo y siga el mismo procedimiento para efectuar la tirada de cartas de la hilera del centro. Asegúrese de copiar las cartas, anotando cualquiera que esté invertida y después siga el mismo procedimiento para la hilera superior.

En cualquier momento que trate de comparar una vida con la otra, tiene que recordar que hay parejas de cartas de grandes arcanos que deberían aumentar su importancia si aparecen en cualquier parte de la misma tirada y todavía más si aparecen en la misma hilera de vida o si aparecen emparejadas. Esas cartas son la Justicia y el Juicio, el Papa y la Luna, la Rueda de la Fortuna y la Muerte.

La Justicia y el Juicio

Éstas dos cartas indican que se ha alcanzado un equilibrio kármico y que usted o su sujeto está preparado para renacer a la plena experiencia de otra vida.

El Papa y la Luna

Éstas son cartas que nos hablan de secretos y de cosas ocultas. El Papa trata de proyectar una apariencia exterior que no parezca encontrar oposición en la sociedad prevaleciente de la buscadora.

La Luna nos advierte en contra de los falsos amigos y los peligros ocultos. Su tarea consiste en recordarnos la necesidad de seguir nuestro verdadero camino, de ser nosotros mismos, si queremos confiar en pasar por esa vida incólumes.

La Rueda de la Fortuna y la Muerte

La Rueda indica las fluctuaciones de los altibajos a lo largo de muchas vidas. Éstos son, a menudo, puntos de epifanía para la buscadora o bien nos advierten de que todo se encuentra en un proceso de cambio. Sólo el sujeto puede equilibrar la Rueda para que permanezca hacia arriba.

La Muerte preanuncia un cambio profundo, iniciado por la epifanía que revela el giro de la Rueda.

El simple hecho de examinar estas cartas puede hacer que su subconsciente empiece a trabajar en ámbitos problemáticos. Esos pensamientos, por sí solos, pueden iniciar el proceso del cambio positivo.

Ejemplo de lectura

Cartas 1 y 5: La Templanza (invertida), seis de bastos

La Templanza invertida expresa una vida desequilibrada. Afortunadamente, en esta lectura se nos invita a sintonizar con esa parte de la vida que está desequilibrada. Examinamos la primera pareja de la izquierda, que representa el sí mismo físico.

En términos de los aspectos físicos de una vida pasada de nuestro sujeto, esta carta puede referirse a enfermedad, incapacitación o autoabuso. Cualquier tendencia hacia el exceso tiene un impacto negativo sobre el cuerpo, que envejece entonces a un ritmo más rápido.

La otra influencia en esta primera pareja es el seis de bastos, que representa el triunfo, el éxito y el apoyo de los demás.

Cartas 2 y 6: Siete de copas (invertida), seis de espadas (invertida)

El sí mismo astral de esta vida pasada se inicia mostrando a nuestra buscadora como una soñadora, pero como la energía de la carta está invertida, podemos suponer que sus sueños no son prácticos. Esta carta también indica a alguien que es tenaz ante el desafío, o una realidad que no desea reconocer.

La energía de las copas queda contrarrestada por el seis de espadas, la carta que puede guiar a nuestro sujeto a examinar su sí mismo superior en busca de respuestas. Buscar asistencia con temas de aprendizaje y espirituales en un plano superior del ser constituye una importante necesidad para el sí mismo espiritual de esta vida pasada.

Cartas 3 y 7: Cuatro de copas, la Estrella

Nuestra buscadora es, en un principio, incapaz de ver el don o la habilidad más preciada que le ofrece el cuatro de copas. Su vida pasada contrarrestó esa energía con la Estrella, la carta de la esperanza y la energía que traza un puente que conecta los mundos. En este caso se conectan el sí mismo mental y los sí mismos físico y espiritual.

Cartas 4 y 8: El Juicio (invertido), la Torre

En la vida pasada que estamos examinando se llevó a cabo muy poco progreso espiritual. La energía invertida del Juicio no significa que nuestro sujeto sea juzgado negativamente, sino que es un duro juez para los demás.

También puede indicar intolerancia, arrogancia y fanatismo, todas ellas emociones negativas que todos tenemos que superar para efectuar progreso espiritual.

La energía del Juicio está contrarrestada por la Torre, que muestra que el mundo que la buscadora se ha construido para sí misma no se yergue sobre fundamentos sólidos. De hecho, puede ser incluso nocivo para los demás. Cuando los muros se desmoronen, la primera víctima será el progreso espiritual de la propia buscadora.

No olvide registrar la primera hilera de cartas. Una vez que lo tenga anotado todo sobre el papel, vuelva a colocar las cartas en el mazo, baraje y corte para poder tirar de nuevo la hilera dos.

Cartas 9 y 13: Cuatro de espadas, ocho de pentáculos

La vida actual de la buscadora se inició con un tiempo de reposo y revaloración, una acumulación de energía física antes de seguir adelante. Cuando adquiere velocidad el impulso de la primera parte de su vida, vemos que ésta es canalizada hacia el trabajo o la profesión.

Eso no significa que el sujeto no se encuentre con obstáculos físicos o con limitaciones, pero encuentra una forma de utilizar en provecho propio las habilidades que posee.

Cartas 10 y 14: Ocho de espadas (invertida), nueve de pentáculos

El ocho de espadas invertido indica que nuestro sujeto tomó una decisión sobre la dirección que debería seguir su sí mismo astral para obtener el mayor conocimiento posible. El temor queda desterrado al iniciar el camino que se extiende ante él.

Esta decisión de empezar a moverse hacia delante da resultados positivos. El nueve de pentáculos muestra una tranquila satisfacción con la propia vida.

En términos de cuerpo astral, vemos rosas a su alcance, lo que representa logro, y el halcón peregrino, que es un símbolo del cazador o de los dioses solares capaces de conducir al sujeto en su búsqueda de conocimiento.

Cartas 11 y 15: El Loco, la Fuerza

En contraposición con el cuerpo astral, que busca conocimiento, el cuerpo mental trata de tomar ese conocimiento y ponerlo en juego, tanto en la vida espiritual como en la vida física de nuestro sujeto. Cuando el conocimiento es experimentado, se convierte en sabiduría y puede ayudar en la búsqueda eterna de la unión espiritual con nuestro creador.

La vida de la buscadora se inicia como la del Loco, sin tener en cuenta para nada las trampas que uno puede encontrar al procurar el avance espiritual. A medida que progresa la vida, la carta de la Fuerza se hace cargo de la vida de nuestro sujeto, transmitiéndole el valor y la voluntad para buscar lo que anda buscando, independientemente del consejo y la opinión de los demás.

Cartas 12 y 16: El Colgado, la Muerte

En la vida espiritual de nuestra buscadora, la vemos empezar en una situación estática e inmóvil, como si reevaluase sus experiencias del pasado y sus opciones actuales, al tiempo que contempla lentamente su siguiente movimiento.

Contrarrestando el *statu quo* de esta carta está la carta de la Muerte, una indicación de cambio profundo. Los ropajes rojos de la Muerte tienen el color de la sangre, símbolo de vida. La rosa blanca que florece por detrás de la Muerte representa los ciclos de la muerte y el renacimiento, de los finales y los nuevos principios. Eso se puede interpretar en el sentido de que el sujeto encuentra un sentido de la dirección espiritual y luego tiene el valor de seguirlo. El resultado será una inversión completa de las prioridades espirituales.

Anote estas cartas tal como hizo con las de la hilera anterior. Asegúrese de anotarlas por encima de la hilera anterior. Vuelva a colocar todas las cartas en el mazo, barájelo y córtelo, para poder volver a tirar una nueva hilera que esta vez será la de arriba.

Cartas 17 y 21: El Diablo (invertido), el Mago

Aunque las limitaciones físicas parecen haber sido superadas en la vida actual, se manifiestan como resistencia al cambio en una vida futura. En ocasiones, el estancamiento puede parecer cómodo, incluso cuando sitúa al buscador en un lugar poco agradable. Eso se debe, simplemente, a que es el lugar que conoce mejor. El cambio hace que mucha gente se aleje de sus zonas de comodidad y la expone a nuevas formas de comportamiento o de pensamiento; en el fondo, todos sabemos que estos cambios ejercerán un impacto sobre todos los niveles de nuestro ser.

El Mago contrarresta esta resistencia al cambio. Con todas sus herramientas elementales extendidas ante él, el Mago muestra que nuestro buscador tiene el poder para efectuar un cambio en cualquier aspecto de su vida que elija. La cuestión es que tiene que desearlo. Si llevamos a cabo la lectura de una cuarta vida futura, podremos ver si nuestro sujeto pudo dar este salto.

Cartas 18 y 22: El Ermitaño, dos de bastos

El cuerpo astral viaja solo a través de todos los mundos y de todos los tiempos y el Ermitaño muestra la voluntad del sujeto para avanzar hacia lo desconocido en busca del conocimiento. El Ermitaño aparece contrarrestado por el dos de bastos, que muestra una asociación que demuestra ser útil. Puesto que aplicamos esta carta al cuerpo astral de un sí mismo futuro, la asociación se establecerá, muy probablemente, con un espíritu guía o auxiliar que puede conducir al buscador allí donde pueda encontrar y experimentar los acontecimientos que le permitirán su crecimiento espiritual.

Cartas 19 y 23: El Colgado, tres de pentáculos

El cuerpo mental de esta vida futura se inicia de modo estático, del mismo modo que le sucedió al cuerpo espiritual en la vida actual. No obstante, el tres de pentáculos muestra a nuestro sujeto mirando hacia un horizonte distante para ver sus respuestas y su crecimiento. Eso le dará la oportunidad de convertir el conocimiento en sabiduría, a través de la experiencia.

Cartas 20 y 24: La Justicia, el Juicio

En la vida futura, el cuerpo espiritual de nuestro buscador muestra un cambio profundo. Vemos la carta de la Justicia que aparece en esta vida futura, lo que indica que la sabiduría en este ámbito fue alcanzada hacia el final de una vida previa.

También vemos reaparecer la carta del Juicio. Esta carta estuvo invertida en una vida pasada, actuando en contra del buscador. En la vida futura aparece, sin embargo, en posición derecha, lo que indica que el sujeto ha tomado el conocimiento, lo ha integrado en sus experiencias espirituales y ha surgido de todo ello más sabio, gracias al viaje.

Otras indicaciones
Nuestra buscadora muestra crecimiento a lo largo de las tres vidas en los cuerpos físico, astral y espiritual. Supera su tendencia a juzgar a los demás y mira hacia su sí mismo superior o espíritus guardianes en busca de ayuda para su viaje.

De hecho, vemos una inversión completa a lo largo de las tres vidas en el progreso espiritual del sujeto, en términos de despojarse de sus prejuicios y también que alcanza una actitud más equilibrada y justa hacia los demás.

El sí mismo físico asimismo supera los obstáculos creados tanto por el cuerpo como por la mente, de modo que si la buscadora mantiene su curso actual, en una vida futura se verá libre de cualquier limitación física.

Puesto que todas las vidas ejercen un impacto recíproco y ocurren en un tiempo omnipresente, podemos cambiar cualquier cosa que no nos guste de esta lectura, introduciendo los cambios ahora.

Tiradas alternativas

Si bien he preferido que este ejemplo de lectura sea del pasado, el presente y el futuro, puede usted hacerlo para todas las vidas futuras o para todas las vidas pasadas.

También puede referirse a dos vidas pasadas, con su vida actual en la hilera superior. Recuerde, sin embargo, que es necesario anotar las cartas que le hayan salido, para poder barajar y cortar de nuevo todo el mazo de cartas, antes de efectuar una nueva tirada para otra vida.

Si posee la habilidad y la paciencia para seguir la pista de esta pauta mucho más allá, puede añadir tantas vidas como quiera a la lectura, según elija.

Sólo recuerde anotar las cartas en el mismo orden en que aparezcan y utilizar todo el mazo de cartas para cada tirada de ocho cartas relativas a cada vida que quiera explorar en la tirada.

13
La tirada del siguiente desafío

Esta lectura nos proporciona una oportunidad para descubrir cuál será nuestro principal obstáculo en nuestra vida actual. El resultado de este desafío se decide no sólo por las decisiones que tomamos en nuestras otras vidas, sino también por cómo nos las hemos arreglado en nuestra vida actual hasta el momento.

Concéntrese en el futuro cercano mientras bajara y corta las cartas. Procure no pensar en ningún tema kármico específico, a menos que busque una respuesta a un tema kármico específico. Permita que las cartas elijan lo que crean que usted necesita saber en estos momentos.

Disponga las cartas tal como se muestra en la FIGURA 20. Observe, por favor, que la carta 10 es opcional. Quizá desee esperar a haber terminado con el resto de la lectura de este capítulo para decidir si necesita una décima carta o no, con objeto de que la lectura sea clara.

Cartas 1, 2 y 3

Estas cartas, situadas en el lado de la izquierda de esta tirada de forma piramidal, representan una parte del viaje que lo ha llevado a usted hasta este desafío actual. Habitualmente, aunque no siempre, descubrirá que se trata de un tema interno. Nada, sin embargo, es inevitable. En algún momento en el tiempo esta parte de la pirámide tiene que encontrarse con la otra que llega a su realización simultáneamente.

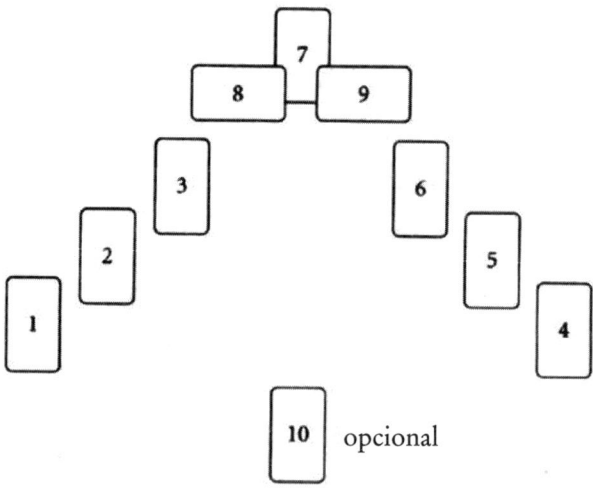

Figura 20: La tirada del siguiente desafío

Puesto que las cartas no nos proporcionan ninguna percepción acerca de cuán lejos estará nuestro siguiente gran desafío en el futuro, cualquier cambio que quiera hacer para dirigir una de esas líneas hacia otra dirección puede y debe hacerse inmediatamente. Si ha estudiado las teorías sobre el tiempo y está familiarizado con los «conos de acontecimiento» de Stephen Hawking, esto tendrá mayor sentido para usted.

En caso contrario, si quiere sacudirse el cerebro con pensamientos «hiperimpulsores», tome cualquiera de los libros del doctor Hawking.

Si le gusta lo que ve que está teniendo lugar, tanto en el sector izquierdo como en el derecho, y el desafío que se le plantea es algo que tiene la sensación de poder afrontar, entonces no debería hacer ningún cambio y permitir que el cono de acontecimiento en el que ya se encuentra lo lleve hacia el resultado de un final feliz.

Cartas 4, 5 y 6
El lado derecho de la pirámide representa otra franja de las acciones y acontecimientos que lo están conduciendo hacia su siguiente desafío. Éste es habitualmente un tema externo, aunque no siempre.

Carta 7

Esta carta lo representa a usted en el tiempo, inmediatamente después de que los sectores derecho e izquierdo se encontraran e iniciaran el desafío.

Cartas 8 y 9

Las cartas 8 y 9 muestran el tirón de cada parte sobre usted en los días inmediatamente posteriores al momento en que se encontraron ambas. Si no le gusta lo que le espera o no desea que la vida tire de usted en las dos direcciones diferentes aquí mostradas, debe tomar medidas para detener la cadena de acontecimientos que está teniendo lugar ahora.

Carta 10

Una vez que haya leído el resto de las cartas y sintiera inseguridad en cuanto a que su resultado sea positivo o negativo, tome la siguiente carta de lo alto del mazo y colóquela en la base de la pirámide.

Esta carta representa la energía de este tema o acontecimiento desafiante, que llevará consigo desde este tiempo hasta el de su vida siguiente.

Ejemplo de lectura

Cartas 1, 2 y 3: Diez de pentáculos, cuatro de bastos, ocho de bastos (invertido)

El diez de pentáculos forma la base del sector izquierdo de la pirámide. Es una carta de éxito material y familiar, una indicación de que la satisfacción se puede encontrar tanto en el hogar como en el lugar de trabajo.

El cuatro de bastos es una carta de matrimonio o de asociación doméstica. Muestra a una pareja sonriente que baila al unísono bajo una *chupah*, o entoldado matrimonial judío, que representa el hogar que comparte la pareja. Es otra carta de satisfacción, especialmente en el ámbito de la vida familiar.

En lo alto de la pirámide está el ocho de bastos, en posición invertida. Esta carta representa una ralentización del impulso y de la satisfacción mostradas en la parte inferior del sector izquierdo. En otras palabras, sucede algo que o bien será perturbado o que perturbará la energía de la felicidad y de la unidad que experimenta actualmente su familia.

Cartas 4, 5 y 6: As de pentáculos (invertido), tres de bastos, caballo de pentáculos (invertido)

Al igual que el sector izquierdo de la pirámide, ésta también se halla dominada por un solo palo: los pentáculos. A primera vista, tenemos que suponer que se acerca algún tipo de amenaza en torno a la fuente de ingresos del sujeto, o incluso por parte de su familia. Lo sabemos porque este palo centrado en la tierra se relaciona con la familia, el hogar, el dinero y el empleo.

El as invertido indica un nuevo principio que no sale tal como se había planeado. El camino al éxito planeado aparece bloqueado, pero esta carta no significa que el sujeto no termine situado en un buen lugar, aunque quizá no sea el esperado.

El tres de bastos es una carta de la que a menudo se dice que está «esperando a que entre su barco», una metáfora utilizada con frecuencia para referirse al éxito monetario. Estas dos cartas parecen señalar hacia el dinero y el empleo como los temas del sector derecho que van a colisionar con los del sector izquierdo, el hogar y la familia, para producir un estrés desagradable.

El caballo de pentáculos invertido es una indicación de que el trabajo correcto está ahí fuera, pero nuestro sujeto no puede encontrarlo. El caballero sostiene su pentáculo en alto, de modo que pueda ser tomado, pero no le será entregado al sujeto sin esfuerzo por su parte. También puede advertirnos acerca de alteraciones en el ambiente laboral, lo que podría referirse a casi cualquier cosa, desde recortes de plantilla hasta un completo desmoronamiento de la empresa.

Carta 7: Dos de pentáculos

Cuando las dos líneas se juntan, el buscador se encuentra luchando por mantener el equilibrio de los dos pentáculos del trabajo y la familia. Por el momento se las arregla bien, pero obsérvese la expresión de preocupación que aparece en su rostro. Está tan ocupado en mantener todas sus demandas de «tengo que», que no dispone de tiempo para disfrutar de su familia o su ambiente. Lo único que puede ver son las tareas que tiene que hacer y que reclaman constantemente su atención.

Cartas 8 y 9: El Carro, diez de bastos

Como siempre, esas cartas de cruce se leen como si estuvieran en posición derecha. La de la izquierda es el Carro, lo que nos muestra que nuestro sujeto tiene el poder de reunir todos esos elementos que revolotean en direcciones diferentes. No obstante, habilidad no es lo mismo que éxito. Necesitamos examinar las otras cartas para captar indicaciones acerca de cómo puede obtenerse éxito.

El diez de bastos muestra a la buscadora llevando una carga opresiva. Su objetivo puede verse al fondo de la carta, pero el camino que conduce hasta allí será difícil y no le dejará tiempo para detenerse a jugar a lo largo del camino. Eso refuerza la idea de que, finalmente, habrá un choque entre las responsabilidades con la familia y las del trabajo.

Carta 10: La Torre

Esta es la carta opcional que muestra cómo terminará la vida del sujeto en relación con estas dos partes conflictivas de la pirámide. La Torre muestra la destrucción de todas las cosas por las que ha trabajado tan duro nuestro sujeto. O bien no las construyó sobre un fundamento firme, o bien llegará una energía exterior que aplastará lo construido. En cualquier caso, la Torre no es una energía que nadie quiera llevarse a otra vida. La precaución aquí consiste en encontrar formas para que las dos partes trabajen en armonía (el Carro), de modo que el buscador no experimente cada día como una larga y esforzada rutina (dos de pentáculos).

Otras indicaciones

Este ejemplo de lectura parecería situar en conflicto la vida familiar y la vida laboral. Se trata de un problema bastante habitual en el mundo moderno. Las familias permanecen separadas durante diez o más horas diarias, para afrontar las exigencias del trabajo, la escuela, las citas médicas, las compras, el pago de facturas, las tareas del hogar y otras muchas actividades que «tienen que hacerse». Si a ello se añaden las actividades que «se desean», resulta fácil darnos cuenta de que los temas del tiempo y del dinero están en el límite de la tensión.

Si no le gusta lo que ve, tiene la posibilidad de introducir cambios ahora en una de las patas de la pirámide o en ambas. Eso puede implicar conseguir un trabajo en el que gane más, reacondicionar los horarios para realizar las tareas del hogar, preparar cupones para la compra de comestibles o limitar las actividades extracurriculares y sociales, a fin de favorecer las propias de la vida familiar.

Tenga en cuenta que las dos partes de la pirámide no tienen por qué estar en conflicto. Pueden hallarse en armonía perfecta, indicando que nuestra buscadora gestiona su vida bastante bien. En tal caso, interprete las cartas 7 y 10 sólo para ver si se puede introducir algún matiz capaz de mejorar la energía kármica que nuestro sujeto se llevará consigo a su siguiente desafío y a su siguiente vida.

14
La tirada de la vida futura

*E*sta tirada utiliza el círculo para simbolizar la rueda del tiempo y los regentes elementales de cada cuarto, tal como enseñan las tradiciones mágicas occidentales, para permitirnos examinar nuestra próxima vida (véase la FIGURA 21).

Tenga siempre presente su don divino del libre albedrío. Nada es inevitable. Si observa que aparece en el futuro algo que no le gusta, tome medidas para cambiar su curso. Cuando haya sido preadvertido por el tarot, la decisión acerca de dónde terminar es completamente suya.

Este círculo elemental no sólo es útil para trazar el mapa de las tiradas del tarot o para ayudarnos a conceptualizar los elementos. Durante muchos siglos y para mucha gente, la creación de este círculo ha constituido la creación del espacio sagrado. Dentro de este círculo pueden rezar, bailar, hacer adivinaciones, hacer magia, reunir energía y estar protegidos de la interferencia psíquica no deseada.

Concéntrese en su siguiente vida, tal y como la percibimos secuencialmente, al mismo tiempo que baraja y corta las cartas. No intente pensar en ninguna idea preconcebida sobre el futuro mientras extiende las cartas de acuerdo con la pauta mostrada en la FIGURA 22. No desee que sus expectativas nublen la lectura o influyan sobre ésta.

Incluso es posible que quiera efectuar varias tiradas a lo largo de los próximos meses, para tener la seguridad de que se está moviendo en la dirección correcta.

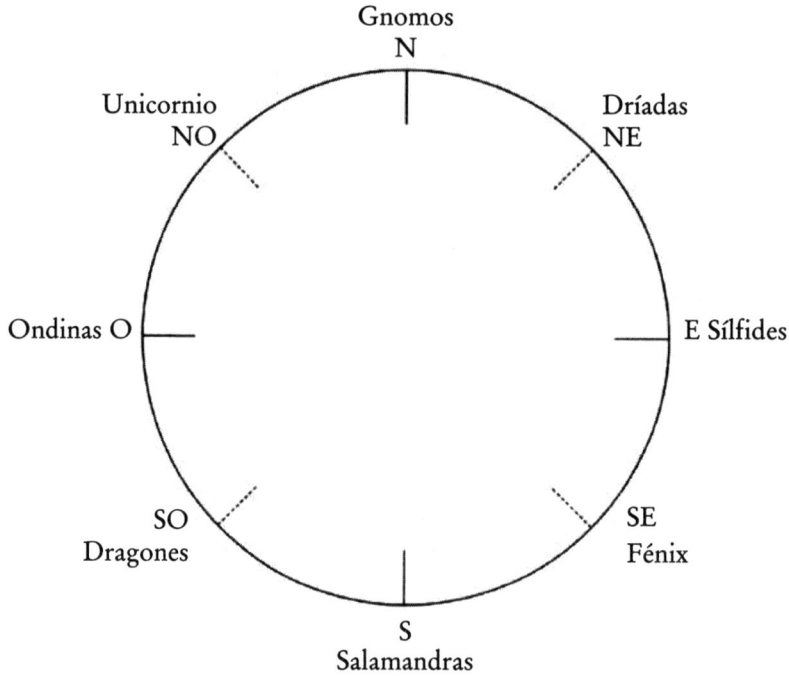

Figura 21: El círculo sagrado de los cuartos

Carta 1: El tema principal de su vida

Esta carta representa el tema principal que formará parte de su siguiente vida. Esta carta tiene mucho que ver con la forma en que salga de esta vida y lo que usted y sus auxiliares espirituales decidan en su tiempo entre vidas.

Carta 2: Su mayor aliado o su peor obstáculo

Todos nos hallamos rodeados de personas, asuntos y consumidores de tiempo que nos pueden ayudar o representar un obstáculo para nosotros. Esta carta indica cuál de esos factores será el más fuerte en su vida venidera. Esta carta también puede sugerir cuál será su gran desafío kármico futuro.

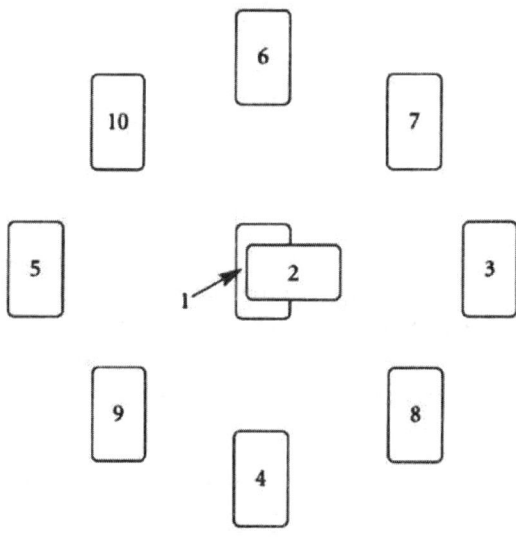

Figura 22: La tirada elemental de la vida futura

Carta 3: Elemento aire, gobernado por sílfides

La carta 3 muestra su vida futura en las áreas de la comunicación, el estudio, el intelecto, el conocimiento y las energías dispersas, gobernadas por el aire, así como su conexión con el quinto elemento del espíritu. Las sílfides, que gobiernan este elemento, pueden parecer caprichosas a veces, pero se les puede pedir con éxito que lo ayuden en todas estas áreas relacionadas con el aire.

Carta 4: Elemento fuego, gobernado por salamandras

La cuarta carta se refiere a los aspectos de su vida gobernados por el fuego: guerra, valor, pasión, placer, energía, fortaleza y fuerza de voluntad. El fuego está gobernado por las salamandras, a las que se puede ver bailando dentro de las llamas y cuya ayuda en todas las cuestiones relacionadas con este elemento, se puede implorar.

Carta 5: Elemento agua, gobernado por ondinas

Los aspectos gobernados por el agua mostrados por este carta pueden incluir fertilidad y niños, psiquismo, sueños, intuición, transformación, espiritualidad y purificación. Las ondinas del mundo acuático son hermosas y ayudan en todas las cuestiones relacionadas con el elemento que gobiernan.

Carta 6: Elemento tierra, gobernado por gnomos

La carta 6 se centra en los aspectos de la vida gobernados por la tierra, como el hogar, la familia, los animales de compañía, la riqueza, la fundamentación, la curación, las energías cohesivas y la limpieza. Los gnomos son conocidos en todo el mundo como auxiliares y curativos en el hogar, el bosque y los cobertizos rurales. Pídales su asistencia en todos los temas relacionados con el elemento tierra.

Carta 7: Tierra y aire, gobernados por las dríadas

La tierra y el aire son elementos compatibles. Cuando colisionan hay pocos cambios, a menos que tengan que vérselas con vientos huracanados o con terremotos. Las dríadas son los espíritus arbóreos juguetones y caprichosos que viven en los árboles, a los que protegen. Esta carta puede mostrarle dónde se encuentran sus energías compatibles y cómo éstas pueden disfrazarse a sí mismas.

Carta 8: Aire y fuego, gobernados por el fénix

El aire y el fuego también son elementos compatibles. El fuego calienta el aire y el aire alimenta al fuego. Como pareja, están gobernados por el fénix, el ave mítica capaz de resurgir de las llamas de la destrucción más fuerte y mejor que antes. Esta carta puede indicarle dónde se encuentran sus fortalezas y su determinación personal.

Carta 9: Fuego y agua, gobernados por dragones

El fuego y el agua no son elementos compatibles. El agua extingue el fuego y el fuego hierve el agua. Juntos, están gobernados por la energía errática del dragón. Esta carta puede indicarle dónde puede salirse del camino en la vida venidera y señalarle, quizá, cuál es la mejor forma de regresar a su camino elegido.

Carta 10: Agua y tierra, gobernados por el unicornio
El agua y la tierra no son compatibles, pero el conflicto que se entabla entre ambos no es grave. El agua puede alimentar la tierra o inundarla, y la tierra puede dirigir el movimiento del agua o represarla. Gobernados por el unicornio, un ser mágico propiedad de las divinidades, esta carta puede mostrarle cómo mantener o encontrar su dirección espiritual en una vida venidera.

Ejemplo de lectura

Carta 1: Templanza
El concepto de templanza se puede aplicar a muchos ámbitos de la vida. El ámbito al que se refiere esta carta no tiene por qué ser negativo, pero recuerde que incluso una cosa buena en exceso puede ser mala para el sujeto. Los ámbitos o áreas en las que debería ejercerse la templanza quedarán más claros a medida que leamos el resto de las cartas.

Carta 2: Siete de copas
Esta carta de cruce se puede leer desde una perspectiva negativa y otra positiva. Es la carta del soñador. Los humanos necesitamos nuestros sueños para darle pleno sentido a nuestras vidas, necesitamos planificar mentalmente nuestros futuros y poner en marcha ideas que conduzcan a nuevos inventos y descubrimientos. El lado oscuro de esta carta es que demasiados sueños a expensas de la acción, o sueños de gloria egoísta, no contribuyen en nada al mayor bien de la humanidad y, desde luego, tampoco al crecimiento espiritual del buscador.

Carta 3: Cinco de bastos, invertido
El cinco de bastos en posición invertida implica energías que están en decadencia. Esto también tiene cualidades positivas y negativas. Necesitamos de las viejas energías para salir y dejar espacio para las nuevas. En esta posición, la carta se relaciona con los ámbitos de la vida del sujeto gobernados por el aire, que debería ser especialmen-

te cuidadoso acerca de cómo maneja las cuestiones relacionadas con la educación y la comunicación.

Carta 4: Tres de copas

En el ámbito del fuego encontramos la carta de la paz y del equilibrio entre diferentes facciones. Todavía está por ver si esto ha sido producido por el buscador o si tendrá un impacto en las decisiones que tome en su vida.

Puesto que el fuego es el elemento de nuestras más grandes pasiones, el buscador queda advertido de la necesidad de utilizar una contención sensata en aquellas cuestiones que puedan conducir a enfrentamientos de cualquier tipo.

Carta 5: La Luna, invertida

El agua es el elemento natural de la Luna. En su posición invertida, nos dice que el sujeto se las ha arreglado para recorrer un camino traicionero y llegar a sus objetivos sin experimentar daños.

Carta 6: Tres de bastos

Esta carta muestra a un hombre que está de pie con sus bastos, observando unas naves en el mar. No queda claro si las naves llegan o parten, pero esta carta suele interpretarse como una señal de que alguien está esperando a que «llegue su barco».

En esta posición gobernada por la tierra, nuestro sujeto puede estar observando que se ponga de manifiesto el florecimiento del éxito alcanzado en la carta 5.

Carta 7: Cuatro de copas

Los elementos de la tierra y el aire muestran a nuestro buscador de nuevo sumido en un dilema, contemplando un curso de acción, pero sin ver todas sus posibilidades. El buscador debe ser advertido de que, en una vida futura, debería estar seguro de conocer todos los datos y de haber sopesado todas sus opciones antes de emprender ninguna acción.

Carta 8: Diez de bastos

El mundo del aire y del fuego nos muestra a nuestro sujeto llevando una carga opresiva. Puede ver en la distancia, hacia donde desea dirigirse, pero tendrá que esforzarse para llegar hasta allí. El dilema de esta carta consiste en compararla con otras de la tirada para ver si el buscador es capaz de aligerar su carga o bien llevarla consigo hasta que alcance su objetivo.

Carta 9: La Estrella

Bajo la energía errática del dragón, el agua y el fuego alteran la esperanza simbolizada por la Estrella. Del mismo modo que el agua y el fuego son nativas de mundos que no pueden coexistir, el rostro del aguador que aparece en la carta tiene un solo pie en dos mundos: uno en el agua y el otro en la tierra.

El sujeto parece habérselas arreglado hasta el momento bastante bien en su vida y tiene buenas razones para confiar en que sus trabajos serán recompensados.

Carta 10: Seis de bastos

Ésta es la carta del éxito, de vitorear al héroe que regresa. Sea cual fuere el papel concedido al buscador en una vida futura, trabajó duro por su causa y, como el viaje del héroe en la literatura mítica, ha regresado con los suyos con el elixir de la esperanza y la felicidad.

Uno de los aspectos trágicos de la literatura mitológica es que con frecuencia el héroe no puede disfrutar durante mucho tiempo de su éxito. O bien surge un nuevo desafío o un héroe más reciente y joven ocupa su lugar. La forma en que se conduzca el buscador después de sus quince minutos de fama, influirá sobre su vida futura.

Otras indicaciones

La primera parte de esta lectura casi implica que nuestro sujeto podría hallarse en una posición de poder político en su vida futura, quizá como un árbitro o un embajador. Incluso las tres últimas cartas implican que les corresponde desempeñar un papel en una cuestión que tiene un impacto sobre algo más que su propia vida.

Aunque no podemos recordar nuestras vidas pasadas sin hacer un esfuerzo, llevamos con nosotros la memoria de nuestra alma. Debe advertírsele al buscador que las trampas y los éxitos que tendrá que afrontar, permanecerán en su subconsciente, de modo que su espíritu podrá acceder a esta lectura en su vida futura.

La carta 10 es especialmente indicadora en esta lectura. Una de las lecciones más duras que se deben aprender en la vida es saber cuándo debemos retirar la antorcha y pasársela a otro. Eso no es nada grato, porque nos recuerda que nuestros sí mismos físicos no son inmortales. Vivimos en cuerpos que quizá no funcionen tan bien como funcionaban hace cuarenta años y si nos detenemos a pensar demasiado en eso, en lo que hemos perdido, podemos echar en falta los dones que nos ofrece la última parte de la vida. Recuerde que los desafíos de su tiempo continúan hasta que da su último suspiro y que quizá vayan más allá.

Tirada alternativa

He utilizado con éxito esta tirada para obtener percepciones sobre el curso que está siguiendo mi vida actual. Use los mismos atributos elementales, pero apliquelos a su vida actual.

15
La constelación de la rueda de la vida pasada

Esta tirada permite examinar someramente una vida pasada a través del ciclo de algunas de las principales constelaciones celestiales. Cada constelación representa un tipo diferente de energía y podemos comparar esas energías con las cartas que obtenemos en la tirada, para descubrir quiénes fuimos en una vida anterior.

A diferencia de las otras tiradas que iniciamos echando cartas en un lugar específico para luego terminar en otro, esta tirada se comienza colocando la primera carta sobre la constelación bajo la que nació el sujeto. Por ejemplo, yo soy Leo, de modo que empiezo por colocar las cartas en el extremo derecho de la FIGURA 23, en la constelación de Leo y continúo echando las cartas, siguiendo la dirección contraria al movimiento de las agujas del reloj, hasta que se haya completado el círculo de dieciséis cartas.

Alguien nacido en la constelación de Piscis empezaría en la zona oeste-sudoeste de la FIGURA 23, moviéndose en sentido contrario al de las agujas del reloj, hasta haber echado las dieciséis cartas, formando un círculo.

Las tres cartas centrales son opcionales. Quizá desee esperar hasta haber terminado con el resto de la lectura antes de retirar las tres últimas cartas del mazo.

Mientras observa las constelaciones de cada signo, tenga en cuenta que todos los signos tienen rasgos positivos y negativos. En esta lectura tratamos de centrarnos en lo positivo y, si en una vida pasada su sujeto fue negativo en algún ámbito específico, eso quedará compensado en el conjunto de la lectura.

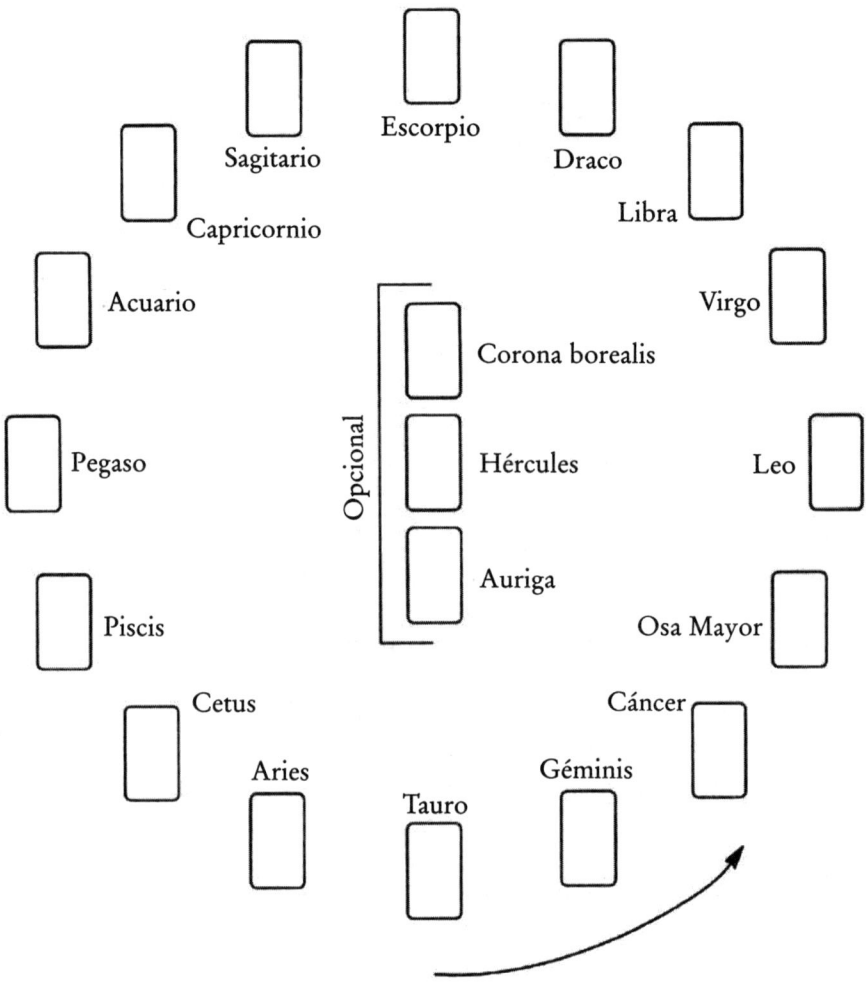

Figura 23: Constelación de la rueda de la vida pasada

Puesto que yo nací bajo el signo de Leo, aquí es donde empezaré las descripciones de la carta y el ejemplo de lectura.

Tenga en cuenta que el signo de su nacimiento o el del nacimiento del sujeto indica dónde empezará a colocar las cartas y a partir de ahí iniciará la lectura.

Leo

El león real habla de su lealtad y de su pasión por cualquier proyecto que emprenda y por la vida, en general. Las cartas que están en armonía con Leo indican que las lealtades y pasiones estuvieron bien situadas y generalmente proyectadas de una forma temperamental.

Los aspectos negativos de Leo incluyen infantilismo, la necesidad de estar siempre bajo los focos, la arrogancia y la tendencia a vivir siempre por encima de los propios medios.

Virgo

La Virgen muestra su voluntad de servir y ayudar a los demás. También puede indicar a alguien con excelentes facultades de concentración, capaz de dedicar una gran atención a los detalles.

Un Virgo negativo se da cuenta de que la atención al detalle actúa en detrimento propio. También puede indicar preocupación por los detalles insignificantes y alguien incapaz de dar o delegar tareas en los demás. Si en esta posición apareciese una carta que no estuviera en armonía con Virgo, el sujeto deberá estar siempre en guardia contra la tentación de asumir demasiadas responsabilidades.

Libra

Las balanzas equilibradas indican cuán bien desarrollado estaba su sentido de la justicia y del equilibrio en la vida pasada que está explorando. Libra lo examina todo desde todos los ángulos y puede indicar a alguien con una personalidad bien equilibrada, firme y digna de confianza.

Draco

El dragón indica cómo controló su temperamento y apunta a la gran determinación personal que invirtió usted, voluntariamente, en sus proyectos más queridos. Los dragones están gobernados por una combinación de tierra y aire.

Las cartas en armonía con la energía de Draco pueden indicar que el temperamento y la determinación fueron manejados con templanza y sentido de la justicia. Las cartas que no estén en armonía pueden representar a alguien que tiene pocos escrúpulos y que haría lo que fuese necesario para alcanzar un objetivo, independientemente del impacto que pueda tener eso sobre los demás.

Escorpio

El escorpión puede picar, pero nadie guarda mejor un secreto que este silencioso observador del zodíaco. Su idealismo viene medido por el signo del Escorpión. Los secretos sexuales son algunos de los temas favoritos no expresados de este signo. El principal rasgo negativo de Escorpión procede de la misma necesidad de mantener secretos, incluso cuando eso no importe.

Sagitario

El sátiro está lleno de energía dirigida hacia sí mismo, incapaz de ser contenida o controlada. La carta mostrada bajo este signo indica lo adecuadamente que dirigió su energía y lo bien que mantuvo su palabra ante los demás. Los rasgos negativos de Sagitario son la infidelidad o la negativa a comprometerse con un proyecto, persona o ideal.

Capricornio

La cabra es un signo de tierra, firme, un buen empleado y ambicioso, aunque de una manera tranquila. Capricornio avanza despacio, como la cabra, y se abre paso lentamente hacia su objetivo. Este recio signo de tierra necesita a veces un poco de estímulo para mantener la atención centrada en lo positivo, puesto que una carta negativa puede indicar que se detiene demasiado en los pensamientos y sentimientos negativos.

Acuario

El aguador es el optimista de ojos muy abiertos del zodíaco, que intenta ver el bien en todas las personas y en todas las ideologías. Los Acuario son pensadores, antes que actores, y nadie podrá despertar el entusiasmo por un proyecto tan bien como alguien que tenga una carta armoniosa en esta posición.

El aspecto negativo de este signo es que puede inducir a alguien a hablar interminablemente de objetivos grandiosos, pero que raras veces emprende ninguna acción para alcanzarlos. Lo mismo que Libra busca el equilibrio exterior, Acuario aborda un sentido del equilibrio interno, lo que hace que la vacilación sea uno de sus rasgos negativos.

Pegaso

El caballo alado nos indica cómo gestionamos nuestros sueños y esperanzas y lo bien que conectamos o no con el espíritu de la divinidad en el otro mundo. El caballo ejerce un papel destacado en muchas mitologías. Trae consigo sueños y pesadillas y puede viajar con usted entre este mundo y el siguiente, abriéndole unas puertas que, de otro modo, estarían cerradas. Pegaso está gobernado por una combinación de aire y tierra.

Las cartas que están en armonía con la energía de este signo muestran a alguien dispuesto a trabajar hacia la consecución de sus objetivos de automejora. Las cartas que no están en armonía pueden indicar un déficit espiritual que tendrá un gran efecto sobre la persona que lleve este karma de una vida pasada.

Piscis

Los peces gemelos gobiernan nuestras psiques. Las cartas armoniosas en esta posición muestran a alguien que es agradable y compasivo, un soñador a quien le preocupa la comunidad a la que pertenece. También indica a alguien capaz de moverse intuitivamente a través de la vida y de convertir sus objetivos internos en una realidad.

El aspecto negativo de este signo es que el Piscis se puede perder en el pensamiento y tomarse demasiado tiempo para albergar grandes sueños, pero siendo incapaz de llevarlos a la práctica.

Cetus

Es el signo de la ballena, una anomalía, puesto que se trata de un mamífero que vive en el agua. Cetus nos da una indicación de la adaptabilidad del sujeto. Este signo está gobernado por el agua y el aire.

Las cartas armoniosas muestran lealtad, amor a la familia, e indican a alguien capaz de fluir con los acontecimientos y de adaptarse al cambio. Los rasgos negativos son la resistencia al cambio y una naturaleza un tanto depresiva.

Aries

El carnero está gobernado por Marte y nos habla de primeras impresiones, de valor e impulso, de tenacidad y de la voluntad de mantenerse en su propio terreno a toda costa. Sus rasgos negativos son el abuso verbal y físico, la pomposidad y la arrogancia.

Tal como cabría suponer, los polos positivo y negativo de este signo son extremos. La carta que aparezca en esta posición debería ser sopesada cuidadosamente contra las demás que caigan cerca de ella.

Tauro

El toro puede ser tenaz, pero también es un mecenas de las artes y un amante de todas las cosas de la tierra. Si desea encontrar a alguien de quien pueda depender en una crisis, busque a un Tauro.

Las cartas en armonía con este signo indican a un amante de la naturaleza y de las bellas artes, alguien que está dispuesto a comprometerse para alcanzar el objetivo de la «producción completa». Los aspectos negativos que pueda mostrar la carta que caiga en esta posición son la tendencia a la discusión, la incapacidad para «trabajar y jugar bien con los demás» y el amor por el lujo.

Géminis

Los gemelos celestiales pueden tirar en direcciones diferentes de aquellos a los que gobiernan. La mayoría de Géminis sacan el mejor partido de esto al ser eclécticos en sus gustos. Son muy conversadores y, al principio, quienes los conocen quedan encantados por su carisma deslumbrante. Las cartas que no están en armonía con las energías de Géminis pueden indicar que ésta fue una personalidad de una vida pasada que tuvo dos caras, con tendencias autohalagadoras y que pudo llegar a ser cruel con los demás, sólo para observar su reacción.

Cáncer

El cangrejo a lo largo de las costas es el signo de la Luna, del hogar, la familia y la nutrición. Las cartas armoniosas en esta posición muestran satisfacción con el hogar, la familia y el crecimiento de las cosas. Las cartas no armoniosas pueden indicar a alguien que sufre de agorafobia, codependencia y de temer estar a solas y no sustentado.

Osa Mayor

El gran oso del cielo es tenaz, fuerte y leal. El oso permanece cerca de casa, pero se mantiene vigilante para cuidar de sus seres queridos. Para quienes pierden la dirección en el hemisferio norte, señala el camino hacia la Estrella del Norte, para que se pueda orientar. La Osa Mayor está gobernada conjuntamente por los elementos del agua y el fuego.

Las cartas en armonía con la energía de la osa indican a alguien leal, cariñoso, generoso, que trabaja bien con los demás. Esta persona preferiría evitar una discusión en lugar de ponerse a luchar pero, cuando se siente deprimida, esta osa protege a su camada con una ferocidad sin precedentes.

Ejemplo de lectura

Leo: Tres de pentáculos

Es la carta del artesano orgulloso de sí mismo. Sugiere que el sujeto disfrutó de su trabajo, se enorgulleció de él y fue leal con su patrono.

A Leo le gusta más jugar que trabajar y esta carta está un poco fuera de armonía con su posición. En algún momento de su vida pasada, nuestro sujeto experimentó probablemente resentimiento ante la supervisión o se sintió excesivamente orgulloso de su trabajo.

Virgo: Rey de bastos, invertido

El rey de bastos invertido no está en armonía con la energía de Virgo. Este rey es una señal de que nuestra buscadora no estuvo con disposición de servicio a otros en su vida pasada. Más que eso, esta inversión en concreto muestra una tendencia hacia la intolerancia y el prejuicio, probablemente en contra de aquellos que más necesitan su ayuda. En este caso, los considera como responsables de su propia situación y quizá se comporta como un crítico que verbaliza buena parte de lo que les ha tocado en la vida.

Libra: El Mundo, invertido

Las balanzas equilibradas de Libra, combinadas con la carta del Mundo, indican una vida vivida con restricción y sentido práctico. Las cosas casi siempre salieron bien para el sujeto, si bien no como se había imaginado que saldrían. Todavía queda por ver si el sujeto consideró estos nuevos aspectos positivos como éxitos o como fracasos. Algunas personas tienen una gran sensación de pérdida incluso en estas situaciones positivas. No pueden aceptar resultados distintos de aquellos sobre los que han fantaseado con detalle.

Un hecho de la ciencia física es que cualquier energía seguirá el camino de la menor resistencia. Una vez que la energía se halla situada en la rueda de la vida, tiene que ser alimentada con energía consistente y positiva para que recupere y devuelva el resultado deseado; no obstante, esto debe hacerse sin dictarle al universo cómo se desea que se manifieste tal objetivo. Tratar de controlar este aspecto de logro del objetivo no es sino un despilfarro de energía. El resultado es que ir en contra del flujo del universo no hará sino hacerlo más lento e, incluso, descarrilar su progresión hacia el resultado deseado.

Draco: Caballo de pentáculos

El caballo de pentáculos nos ofrece una imagen de un dragón muy domesticado. Este caballero muestra una naturaleza firme, amable y parece disfrutar de sus responsabilidades, a las que hace honor. Esta carta indica a alguien tan meticuloso que su trabajo puede ser considerado como perseverante y le resulta difícil terminar el trabajo o los proyectos más queridos en el tiempo que se le ha asignado.

En mi mazo de cartas, el caballero aparece montado sobre un caballo erguido, sosteniendo ante él el pentáculo, que representa todas las cosas gobernadas por el elemento tierra. Resulta difícil saber si se lo está ofreciendo a otra carta o bien si está esperando a que el sujeto reúna la fuerza de voluntad suficiente para acudir a recogerlo.

Escorpio: El Loco

El escorpión sólo hace caso de su propio consejo, lo que ocasionalmente le hace meterse en problemas cuando emprende la marcha por su propia cuenta, convocando la asistencia de otros que tienen más conocimiento y experiencia. Puede parecer exteriormente frío, mientras que, en realidad, una tormenta se acumula tras él.

En este caso estamos midiendo el idealismo del sujeto y su capacidad para mantener secretos. El Loco representa el primer paso que inicia cualquier aventura. Obsérvese que, en casi todos los dibujos del Loco, se desliza alegremente sobre la hierba, sin darse cuenta del precipicio en el que está a punto de caer. Es muy probable que este sujeto haya convocado la ayuda de los demás, que guarde sus secretos personales y, en particular, lo poco que sabía sobre los temas, y que posea la misma visión idealista del futuro que el Loco. Únicamente las otras cartas nos dirán si se da cuenta del error en la dirección que sigue y actuará a tiempo de evitar la catástrofe.

Sagitario: Siete de pentáculos

Esta carta está en completa armonía con su posición. Muestra la habilidad para autodirigir las propias energías hacia donde se necesitan o se desean. Lo mismo que le sucede al animado sátiro, la energía del sujeto se desboca a veces, pero los rasgos satisfechos de la figura del siete de pentáculos nos muestran que se las arregla para contenerse antes de que pueda cometer un acto de autodestrucción. Esta posición y esta carta indican una vida en la que el sujeto supo manipular la energía positiva para alcanzar los objetivos deseados.

Capricornio: Reina de espadas, invertida

Bajo el signo de un empleado firme y leal, encontramos la reina de espadas en posición invertida. Esta reina es sigilosa e incluso engañosa y no dedica energía a nada que no esté en consonancia con los planes a largo plazo que haya concebido para sí misma. Es muy probable que, independientemente de lo exitosa que parezca a los demás y del gran número de objetivos que logre alcanzar, esté afligida por una autoimagen negativa. Este desequilibrio hace que la reina juegue simplemente por el placer de experimentar su poder personal. Su bajo nivel de autoestima le impide preocuparse por si lo hace con sentido de la justicia o no.

Acuario: La Estrella

La coincidencia de una carta que representa al aguador apareciendo bajo el signo de Acuario, que es precisamente el aguador, constituye un hecho singular y sitúa a esta carta en una fuerte posición. Debe advertirse al lector que examine esta carta muy cuidadosamente, tanto por sí misma como en relación con las cartas que la rodean.

El aguador es un símbolo de elevación espiritual, lo que quizás encaja si ella ha aprendido sus lecciones bajo el signo de Sagitario. La Estrella significa esperanza, un puente entre dos mundos, unidad y paz. Si aplicamos esto al escenario de la vida pasada del sujeto, vemos la misma tendencia de idealismo que observamos bajo Escorpio.

Pegaso: El caballo de bastos, invertido

Pegaso desenmascara nuestros sueños y esperanzas y, en ocasiones, también nuestros más profundos temores. El caballo alado puede actuar contra nosotros, dejando al descubierto aquellas cosas que ocultamos por la noche, o bien puede conducirnos a la luz del conocimiento y la sabiduría.

El caballo invertido en esta posición no está en armonía con el signo, lo que indica una disputa que es lo bastante fuerte como para romper los lazos de lealtad y hacer que la buscadora siga su propio camino.

Las últimas cartas parecen estar diciéndonos que el sujeto se sintió confuso acerca de lo que deseaba y de cómo debería actuar para lograrlo. Parece que deseaba ser un buen empleado y un compañero leal, pero que experimentaba deslices en estas aspiraciones cada vez que veía perturbada un poco su autoconfianza.

Piscis: La Papisa

Los peces gemelos de Piscis son los que gobiernan nuestra psique. Bajo este signo encontramos la magia estable y terrenal de la Papisa, que debería asegurar a nuestro sujeto que no tiene razón alguna para sentir dudas sobre sí mismo o para retroceder a una posición que le parezca la correcta. Tanto este signo como esta carta indican a personas que buscan hacer lo correcto, aun cuando eso no redunde en su mejor interés. Son personas altamente intuitivas, incluso médiums.

Cetus: Dos de copas

La ballena es un mamífero que respira aire y que, sin embargo, vive en el agua. Bajo este signo aprendemos sobre la adaptabilidad de nuestro sujeto. El dos de copas muestra que se está ofreciendo una asociación o amistad, pero no nos dice si ese don fue aceptado o rechazado por parte del sujeto.

Aries: Nueve de pentáculos

Los rasgos negativos de Aries parecen ser precipitados por el nueve de pentáculos, que nos muestra a una mujer satisfecha con su vida. También percibimos que ella es una persona de cierto prestigio, quizás una protectora de las artes.

Al mirar de más cerca, vemos que por detrás de la mujer hay un pórtico que aparece bloqueado por setos que ella misma ha cultivado. Esto nos indica que el sujeto se las arregló para superar algunos de los rasgos negativos de este signo, pero que todavía abrigó suficiente desconfianza hacia la gente o hacia su propia situación como para no bajar las barreras que ella misma se había impuesto. Es muy probable que mantenga protegida su vida privada y que incluso pudiera haber temido que su vida quedara expuesta y fuera examinada por otros.

Tauro: Cinco de espadas

El cinco de espadas nos muestra victorias huecas. Nuestro sujeto puede haber ganado sus objetivos y perseverado sobre sus enemigos, pero en el fondo de su corazón no se sintió feliz con los medios que utilizó para ganar.

En mi mazo de cartas veo a otros que se alejan, dejando a una figura solitaria con todas las espadas. Eso debería indicarnos que la única persona a la que ha engañado en este conflicto es a ella misma.

Géminis: El Carro, invertido

Géminis puede tirar del sujeto en dos direcciones diferentes y un Carro en posición derecha nos indicaría que éste posee habilidad para reconciliar esos dos aspectos y hacerlos funcionar juntos. La energía del Carro invertido indica que ya ha dejado de poseer el control.

A medida que la vida pasada del sujeto se acerca a su fin, ya no puede lograr la reunión y el mantenimiento de las dos energías diferentes. Los gemelos empiezan a tirar de nuestro sujeto en direcciones opuestas y empieza entonces a desmoronarse todo el cuidadoso control que ejerció sobre su pasado.

Cáncer: Dos de espadas

El dos de espadas es una carta de intuición, una carta que se siente muy a gusto bajo la influencia lunar de Cáncer. La carta también puede mostrarnos que esforzarse durante demasiado tiempo y en contra de la propia conciencia trae consigo la desgracia.

La figura sentada aparece equilibrada por las dos espadas que sostiene, pero está cegada y no puede discernir cómo utilizarlas. A la luz de la carta de Géminis que muestra a nuestro sujeto incapaz de continuar con el control de las energías que actúan sobre su vida, esta carta puede ser interpretada en el sentido de que nuestro sujeto ha caído todavía más profundamente en las dudas sobre sí mismo y la inmovilidad.

Osa Mayor: La Luna

La Osa Mayor indica el camino hacia el Norte para quienes se encuentran en el hemisferio Norte. Irónicamente, la carta de la Luna advierte al buscador que tenga cuidado de mantenerse en el camino elegido y que esté alerta ante los peligros para no extraviarse. Hacia el final de su vida, parece que nuestro sujeto perdió el camino y salió de esa vida sintiéndose fuera de control.

Otras indicaciones

A partir de esta lectura parece que cuanto más tiempo vivió el sujeto, más baja fue su autoestima y más solapada fue su actitud, perdiendo todas las ganancias que había logrado en los dos primeros tercios de su vida. Finalmente, no supo qué dirección era la correcta y cuál no lo era.

Bajo el signo de Cáncer, hacia el final de su vida, vemos una figura con los ojos tapados. Podría quitarse la venda si así quisiera, ya que nada se lo impide, excepto su propia falta de confianza en sí misma.

Si es usted una lectora avanzada de cartas, quizá desee agrupar las constelaciones por su elemento, para ver si surgen otras pautas fascinantes.

Eso puede facilitarle incluso que descubra la personalidad de su vida pasada.

Signos de tierra: Tauro, Capricornio, Virgo, Osa Mayor
Signos de agua: Piscis, Cáncer, Escorpio, Cetus
Signos de fuego: Aries, Leo, Sagitario, Draco
Signos de aire: Acuario, Géminis, Libra, Pegaso

Si, por ejemplo, aplicamos esta estrategia y examinamos únicamente los signos de fuego, observamos que todos ellos son del palo de pentáculos. Eso indica que, en esta vida que examinamos, el sujeto se apasionó por algo gobernado por los pentáculos o por el elemento tierra. En este caso, parece que la pasión de su vida fue su empleo o su profesión.

Examine también los agrupamientos de cartas de un solo palo o de los grandes arcanos en un determinado ámbito. Esto se puede comparar con su carta astral o con su horóscopo y con la casa en la que parece caer. Cada casa del zodíaco abarca un ámbito diferente de su vida.

Casa 1 (la casa del sí mismo): Pegaso y Piscis.
Casa 2 (la casa de las posesiones materiales): Cetus y Aries.
Casa 3 (la casa de la comunicación): Tauro y Géminis.
Casa 4 (la casa del hogar): Cáncer.
Casa 5 (la casa de la creatividad): Osa Mayor.
Casa 6 (la casa de la salud y del dar): Leo y Virgo.
Casa 7 (la casa de las asociaciones): Virgo y Libra.
Casa 8 (la casa de la muerte y la renovación): Draco y Escorpio.
Casa 9 (la casa de la espiritualidad): Sagitario.
Casa 10 (la casa de la profesión y la carrera): Capricornio y Acuario.
Casa 11 (la casa de las esperanzas y los sueños): Acuario.
Casa 12 (la casa del autodesatar): Auriga, Hércules y Corona borealis.

Tiradas alternativas

Si todavía no ha logrado formarse una imagen clara de la vida pasada, puede extraer tres cartas más y colocarlas en el centro, de abajo arriba.

La carta de abajo es para la constelación de Auriga, el cochero. Es la carta que muestra lo adecuadamente que el sujeto pudo tomar las numerosas energías que impactaron sobre su vida para hacerlas trabajar en su favor. El auriga es un arquetipo vinculado con Apolo, lo que brinda percepción a cómo uno expresa su sí mismo exterior o su vida exterior ante los demás.

La carta del centro es por la constelación de Hércules, el hombre fuerte por antonomasia, y representa la fortaleza y la fuerza de voluntad personal del sujeto.

La carta de arriba de las tres representa la constelación Corona borealis o la corona de las estrellas o de la luz. Muestra el estado espiritual en que el sujeto abandonó esta vida pasada y nos da indicaciones respecto a lo cerca que estuvo de realizar su propósito espiritual de reunirse con el Creador.

Quizá quiera expandir su círculo. A partir de un sencillo mapa estelar puede identificar las constelaciones que están cerca de la Tierra, situadas entre los doce signos que constituyen el zodíaco, utilizado en la astrología occidental para buscar información sobre más aspectos de sus indagaciones sobre la vida pasada. O bien puede trazar un círculo interior de cartas que representen las constelaciones más cercanas y un círculo exterior para aquellas que se hallen situadas más lejos. Consulte algo sobre mitología y descubra qué energía representa cada constelación, para así poder leer entre líneas en las estrellas.

También puede utilizar constelaciones que no consiga ver. Si vive en el hemisferio Norte, sólo tendrá visibilidad sobre la mitad de los cielos. Siéntase con total libertad para buscar las energías ocultas de la otra mitad de los cielos.

16
Desenmascarar el pasado

Es posible que en su vida actual tenga la sensación de haber tenido una conexión con varias personas y de haber compartido con ellas una vida pasada. Esta tirada le dará la posibilidad de examinar más atentamente a una de esas relaciones y la influencia que ejerce sobre su pasado, presente y futuro.

Lo primero que debe hacerse con esta lectura es separar todas las cartas de corte, como la Emperatriz, el Emperador, la Papisa y el Mago. Estas cartas representan a una sola persona a la que conoce en esta vida. Baraje y corte únicamente esas veintidós cartas; luego, extraiga la carta superior y colóquela en el centro de la zona de lectura. Ésa será la carta 1.

Lea esta carta tal como caiga. Si aparece invertida, léala invertida. Si aparece derecha, léala derecha. Mientras contempla a todas las personas que hay en su vida, es posible que una de ellas destaque como la única que podría ser representada por el simbolismo de la carta del centro. En aquellos casos en que la carta pudiera indicar a más de una persona, anótelo así en su diario del tarot. La clarificación puede ocurrir más tarde, ya sea a través de los sueños o de la meditación, las regresiones a vidas pasadas o de los mismos acontecimientos de su vida actual.

Recuerde que las personas no son siempre lo que parecen. Yo efectué esta lectura con una amiga, hace muchos años, cuando ambas nos hallamos implicadas en una cuestión política en el campus universitario. Mi amiga se dio cuenta inmediatamente de quién tenía que ser la reina de copas invertida que apareció en la tirada como carta central; yo, en cambio, no. No quería creerlo y, simplemente, no pude ver todas las cosas solapadas que la reina nos estaba haciendo y que quedaron al descubierto a través de las otras cartas. De todos modos, copié la lectura en mi diario, junto con nuestras impresiones acerca de la persona a quien representaba la carta central. Tal como se desarrollaron los acontecimientos durante los meses siguientes, quedó finalmente claro que mi amiga tenía razón acerca de la identidad de la reina de copas y, en cuanto me di cuenta, pudimos tomar medidas para impedir un gran desastre.

Una vez que haya colocado su primera carta y haya tenido la oportunidad de contemplar quién podría ser, vuelva a colocar todas las cartas no utilizadas en el mazo, barájelo bien y corte de nuevo. A continuación, lleve a cabo el resto de la tirada, tal como se muestra en la FIGURA 24.

Carta 1

Es la carta de una persona con la que compartió una conexión en una vida pasada y que ahora también forma parte de su vida actual. No tiene por qué tratarse de alguien que esté cerca de usted. Puede ser un enemigo, un amigo, un conocido casual o alguien que tiene poder, o que es capaz de tenerlo, sobre algún aspecto de su vida.

No caiga en la trampa de creer que sólo porque la carta central muestra una imagen de un hombre o una mujer, puede referirse únicamente a alguien del mismo género. Las cartas de corte y los cuatro grandes arcanos utilizados para la carta 1 representan arquetipos, energías y cualidades interiores que pueden pertenecer a una persona de cualquier sexo.

Carta 2

Esta carta representa las influencias que tuvo esa persona sobre usted en la parte más significativa de la vida que compartieron.

Carta 3

La carta 3 muestra la influencia que tiene esa persona sobre usted ahora, o en los próximos meses, en su vida actual.

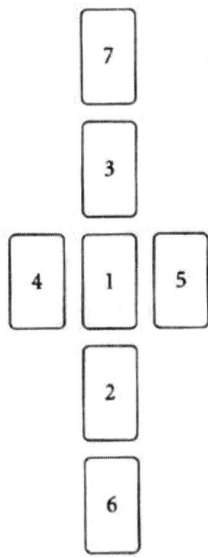

Figura 24: Desenmascarar el pasado

Carta 4

La cuarta carta muestra cómo percibió usted la influencia de esa persona sobre usted en aquella vida pasada.

Carta 5

La quinta carta muestra cómo percibe la influencia de esa persona sobre usted en la vida actual.

Carta 6

Esta carta muestra las motivaciones no aparentes que esa persona tuvo con usted en su vida pasada en común.

Carta 7

Esta carta muestra las motivaciones no aparentes que esa persona tiene con usted en su vida actual. Pueden haberse desplegado ya o bien hallarse en el horizonte, a la espera. Tome la carta como una advertencia o como una señal de comodidad, dependiendo de que sus aspectos más destacados parezcan negativos o positivos.

Si no tiene la certeza de saber a quién representa la carta 1, la carta 7 podrá ayudarlo a desenmascarar a esa persona. Es posible que la influencia de esa persona ya esté presente en su vida, elaborando sus pasados lazos kármicos o que eso se inicie en un futuro cercano.

Ejemplo de lectura

Carta 1: La Emperatriz, invertida

La Emperatriz es la madre tierra que nos nutre a todos. Cuando somos traicionados por ella es como si todo el mundo se hubiera vuelto contra el sujeto. En su posición invertida, las energías nutritivas, amorosas y animadoras del arquetipo de la madre son enviadas en direcciones negativas.

En este ejemplo, asumiremos que esta carta ha sido identificada por el buscador como una mujer en su vida, aunque es posible que, en lecturas posteriores, la Emperatriz pueda representar a otra mujer o incluso a un hombre.

Carta 2: Cinco de copas

La figura encapuchada del cinco de copas medita tristemente sobre el vino derramado de los tres cálices que tiene delante; en un principio, esto puede parecer negativo o desagradable, hasta que echamos un vistazo a las dos copas llenas que tiene justo a un lado y por detrás de ella.

En el pasado, la mujer influyente del sujeto le indujo a creer que todo estaba perdido, cuando, en realidad, una simple revaloración de su vida le habría demostrado que todavía le quedaban muchas cosas. Aquí todavía no está claro que eso se hiciera con el propósito de situar al sujeto bajo una influencia negativa o bajo el control de la mujer, o que la Emperatriz invertida crea estar haciendo lo correcto.

Carta 3: El ocho de copas

La Emperatriz invertida ha hecho que nuestro buscador crea que tiene que estar en guardia, siempre vigilante, observando sus ocho copas llenas. La luna que recorre el cielo nocturno le advierte que vigile las cosas que están ocultas; éstas pueden incluir una influencia negativa que en realidad no existe, pero que ha sido inculcada en la mente del buscador por parte de la Emperatriz. Esto apoya la idea de que nuestra Emperatriz invertida está manipulando deliberadamente a nuestro sujeto.

Carta 4: Tres de copas

Esta carta del palo de copas muestra a tres mujeres jóvenes celebrando su asociación con una danza despreocupada. En el pasado, nuestro sujeto percibió a esta otra persona como una amiga, como una aliada, como alguien con quien se sintió seguro y llevó a su círculo íntimo en esa significativa vida pasada que compartieron. En otras palabras, fue engañado por la intención de alguien de manipular sus acciones o pensamientos.

Carta 5: El Papa, invertido

La carta 5 indica que, en algún momento del pasado, el sujeto vio a esta otra persona como una adversaria o, al menos, como alguien que no era lo que parecía. Esta carta muestra que esta posición se suaviza. A medida que continúa la vida del pasado, el sujeto percibe, quizás erróneamente, que sus energías han cambiado o que las estuvo interpretando mal desde el principio.

Carta 5: Cinco de bastos

En el pasado, la Emperatriz tuvo un propósito oculto, ya fuese de robo o de tratar de hacer que el sujeto apareciese como estúpido o inepto.

Carta 7: La Luna

Esta carta muestra los motivos ocultos de nuestra Emperatriz por lo que se refiere a la vida actual de nuestro sujeto. La Luna constituye una advertencia para que el sujeto vigile las amenazas ocultas y siga el curso que se ha propuesto. Le previene de mantener un camino que lo conduce hacia lo que él sabe que es lo correcto para sí mismo. Esta carta, en esta posición, indica que la Emperatriz invertida tiene planes para hacer que el sujeto se desvíe de sus objetivos.

Otras indicaciones

Está claro que la Emperatriz invertida continúa su campaña de imponer sus planes ocultos a nuestro sujeto, una campaña que ya se inició en una vida pasada que ambos compartieron. Las cartas no muestran cuál es su última intención, pero sí nos dicen que su carácter básico es el mismo, tanto si está manipulando a nuestro sujeto para obtener ganancias propias, como si lo hace por la satisfacción del poder que obtiene al tener control sobre las decisiones y acciones de otra persona.

17
La tirada de la epifanía de la vida pasada

*E*l crecimiento del espíritu es el resultado directo de una epifanía consciente, de una autorrealización nacida del conocimiento y de la experiencia que, de repente, se convierten en sabiduría innata que equilibra el karma y establece un nuevo curso para el buscador. Esta tirada (véase la FIGURA 25) mostrará una lección importante aprendida, o que debiera haberse aprendido en una vida pasada; de qué modo se dio cuenta de dónde, cuándo, por qué y cómo necesitaba cambiar de curso y los resultados de ese cambio.

Saber que una lección ya ha sido interiorizada lo puede ayudar a descubrir esos temas que todavía necesitan atención en su vida presente. Que se le recuerden las lecciones aprendidas también es una buena forma de ayudarlo a evitar la repetición de errores pasados. Y, a la inversa, saber que una lección no se ha aprendido aún puede ayudarlo a tomar medidas ahora para prevenir la reacción kármica que todavía está por llegar, ya sea en esta vida o en una futura.

Baraje y corte las cartas siguiendo su forma habitual. Mientras baraja, puede permitir que sean las propias cartas las que determinen la vida en concreto que estará examinando, o bien puede concentrar su atención en una vida de la que ya conoce algo, para obtener una mayor claridad a la hora de analizar el impacto que tuvo sobre sus ciclos de reencarnación. También puede elegir concentrarse en un tema kármico específico sobre el que tenga la sensación de que hunde sus raíces en una vida anterior. Tenga en cuenta que las cartas pueden anular su intento de especificar una vida o tema pasado si

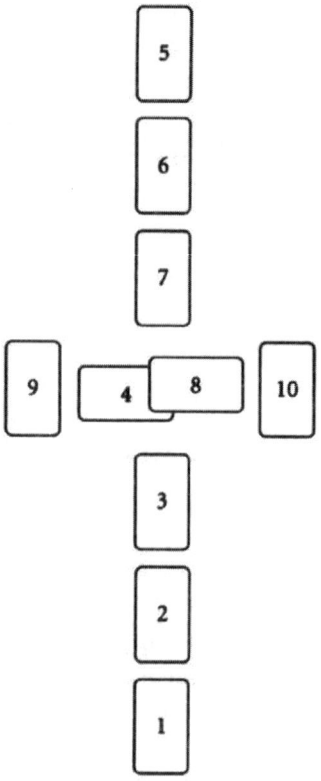

Figura 25: La tirada de la epifanía de la vida pasada

determinan que hay algo más importante que usted necesite saber ahora mismo. Las lectoras experimentadas del tarot conocen bien este fenómeno que llaman «anulación psíquica» y si las cartas que le salen indican otro tema distinto de aquel por el que ha preguntado, se dará cuenta de ello. La anulación siempre es muy clara.

Cartas 1, 2 y 3

Estas tres primeras cartas representan los acontecimientos que rodean y conducen a la epifanía consciente en su vida pasada. Al leer las cartas de abajo arriba, deberían tener cierto sentido cronológico. También deberían relacionarse mutuamente, en algún sentido, para dejar claro el tema, el ángulo muerto o la deuda kármica que se es incapaz de ver o de cambiar antes de la epifanía. Busque un tema que una las energías de estas tres cartas.

Carta 4
Esta carta representa el momento de la epifanía, la comprensión personal de que tiene que introducir cambios en algún ámbito de su vida y el conocimiento de la dirección que debe tomar.

Cartas 5, 6 y 7
Estas tres cartas representan su vida después de la epifanía. Le dicen si vivió usted su epifanía, si la ignoró, si hizo un esfuerzo o, simplemente, fue en otra dirección.

Carta 8
Esta carta muestra lo que se añadió o se sustrajo de su vida después de que le dedicara algún tiempo al trabajo en el tema de la epifanía. Si la carta complementa la carta 4, o si tiene destacados matices positivos en relación con el resto de la lectura, puede asumir que tomó la dirección correcta. Si la carta aparece en conflicto, indica que emprendió un camino diferente o que el sujeto ignoró su epifanía y prefirió no introducir cambios.

Carta 9
La carta 9 muestra el resultado final de su vida pasada si no se hubieran hecho cambios o si hubiera tomado una dirección diferente a la dictada por su epifanía. El camino que siguió debería haber sido mostrado por las cartas 5 a 7.

Carta 10
Esta última carta muestra el resultado final de su vida pasada en el caso de que intentara haber introducido cambios. Esos cambios pudieron haber tenido éxito o no, pero si hizo un esfuerzo, puede suponer que su lección pasada fue aprendida y que éste ya no es un tema pendiente en su vida actual.

Ejemplo de lectura

Cartas 1, 2 y 3: El Papa, el Demonio, siete de copas (invertido)

Antes del momento de la epifanía del sujeto vemos una pauta de conformidad y una necesidad de posesiones materiales. Está presente el tema de «tener ínfulas». Vemos sueños de riquezas, con energías que se revuelven contra el sujeto al tiempo que es conducido hacia su epifanía. El buscador no puede ver el camino correcto para su vida, la ruta que conduce hacia la verdadera felicidad y el crecimiento del espíritu.

Carta 6: Seis de espadas

La epifanía aparece en una carta que exige al sujeto buscar su poder superior o lanzarse a una búsqueda espiritual para empezar su cambio hacia lo positivo. Si realmente quiere el cambio, el buscador tendrá que desprenderse de la ilusión de comodidad que se deriva de su falsa fachada y de sus posesiones materiales y embarcarse en una búsqueda interior.

Ningún cambio es fácil, especialmente si afecta al concepto que tenemos de nosotros mismos. Los psicólogos han constatado repetidas veces que la gente es capaz de superar grandes obstáculos para que sus vidas se adapten a la imagen que tienen de sí mismos, en lugar de hacer los cambios que se necesitan, aunque esos cambios aparezcan en forma de un camino más fácil de seguir.

Cartas 5, 6 y 7: La Papisa, diez de copas, la Rueda de la fortuna

Las cartas correspondientes a la postepifanía muestran que el sujeto tuvo en sus manos las herramientas necesarias para efectuar cambios positivos en su vida: una familia que lo apoyaba, la habilidad para cambiar interiormente si eso era lo que realmente deseaba hacer y la Rueda de la Fortuna girando a su favor.

Lo que no revelan estas cartas es si el sujeto aprovechó las herramientas de que disponía o no. Cuando en una lectura falta esta información clave, podemos suponer que el sujeto se encuentra en una buena posición para efectuar cambios, pero probablemente no aprovecha las oportunidades que se le presentan. Quizá no pudo desprenderse del falso sí mismo que había estado representando durante tanto tiempo, o puede que juzgara mal el tiempo que le quedaba en su vida para efectuar los cambios.

Carta 8: Tres de copas
A la vida de la postepifanía del buscador se incorpora nuevas amistades. Esta carta indica que fueron una fuerza para el cambio positivo pero, una vez más, no acabamos de ver hasta qué punto el sujeto aprovechó lo que estos amigos le ofrecían.

Carta 9: El Ermitaño, invertido
Esta carta muestra que el buscador no logró introducir suficientes cambios como para superar los temas del pasado. La luz del Ermitaño, el buscador solitario de la sabiduría, aparece dirigida hacia abajo, mirando hacia lo material y no hacia lo espiritual.

Carta 10: La Fuerza, invertida
El sujeto termina su vida con un legado de oportunidades perdidas. Rechazar los dones espirituales cuando la epifanía ya ha llegado hasta uno es una de las formas más directas de asegurarse un mal karma. En tal caso, no sólo tendrá que repetirse la lección, sino que la próxima vez no habrá garantía de que contará con la familia, los amigos, los recursos y otros sistemas de apoyo que le habrían podido facilitar el proceso del cambio.

Otras indicaciones
La mayoría de lecturas de esta tirada no son tan negativas. Habitualmente, cuando nos damos cuenta de que tenemos que cambiar algo en nuestras vidas, hacemos un intento por cambiar, aunque sepamos que es difícil. Quizá nos quedemos cortos y no logremos llegar a nuestros objetivos, pero al menos habremos hecho un esfuerzo sincero.

Ocasionalmente, obtendrá una lectura que muestra que el sujeto se opuso al cambio o no hizo el esfuerzo necesario para que éste se produjera. En estos casos, es importante animar al sujeto a trabajar en aquellos temas que han quedado pendientes, tanto si parecen ser vigentes en este preciso momento de su vida actual como si no.

Algunos cambios son más difíciles de llevar a cabo que otros. En este ejemplo, estamos pidiéndole a una mujer de posición y orgullo que se desprenda de algo de su estatus y su riqueza, para embarcarse en un viaje espiritual. El amor a las cosas materiales y el amor a lo espiritual son casi los extremos opuestos de un continuo, lo que dificulta mucho el cambio. Es muy posible que éste sea un tema pendiente que el sujeto verá repetido en varias lecturas de su vida pasada.

Si usted o el sujeto descubren que parecen estar forcejeando con el mismo tema kármico o espiritual en su vida actual que el que se muestra en esta vida pasada, puede suponer acertadamente que ignoró el llamamiento a favor del cambio y que todavía debe aprender la lección o pagar la deuda kármica que dejó pendiente en el pasado.

18
Entrar en las cartas del tarot

Las cartas son un mundo en sí mismas, un ámbito arquetípico que cobra vida al tiempo que usted recorre tortuosamente sus paisajes «a través del cristal». Son algo más que bonitas imágenes, algo más que claves simbólicas para el subconsciente. También son portales que se abren a otros mundos y tiempos. Dentro de sus marcos hay claves que conducen a un conocimiento que no suele estar disponible para nosotros aquí, en el plano terrenal. Utilizar las cartas como un portal para el conocimiento del otro mundo no sólo puede aclarar aún más los significados simbólicos de las cartas, sino constituir una valiosa herramienta de adivinación por sí mismas.

Para que funcione este tipo de adivinación por medio de las cartas del tarot se necesita poseer un conocimiento íntimo del mazo del tarot que haya elegido. Necesita estar tan familiarizado con el paisaje de sus arcanos mayores como lo está con las expresiones de su rostro. Tendrá que retener la imagen completa de una sola carta, con todos sus exquisitos detalles firmemente grabados en su mente para entrar en este mundo astral vivo. Tal transición se logra a través de la meditación guiada o, mejor aún, por la vía del arte de la proyección astral.

La meditación guiada es una meditación que sigue un guion preestablecido y se dispone de algunas muy buenas para las cartas del tarot. La desventaja de este método es que de ese modo sigue el camino del autor a través de las cartas y no el propio.

La proyección astral es el arte de enviar fuera de su cuerpo físico a su inconsciente para proyectarlo hacia otros mundos. Allí, puede viajar libremente, relacionarse con otros seres, pedir la ayuda de los guías espirituales y actuar e interaccionar, en lugar de reaccionar, con los seres que pueblan el mundo de las cartas del tarot.

Si no cuenta con experiencia en ninguna de estas habilidades, hay libros que lo pueden ayudar. Yasmine Galenorn ha escrito un libro de imágenes de los arcanos mayores, titulado *Tarot Journeys: Adventures in Self-Transformation* (Llewellyn, 1996), muy rico en su imaginería arquetípica de las cartas, que contiene excelentes meditaciones guiadas para el explorador principiante. Estas meditaciones tienen sus límites cuando se las utiliza para asistir en exploraciones de una vida pasada. En lugar de trabajar a partir de su propia agenda, verá su vida pasada a través de los grandes símbolos que explora una meditación guiada. Éstos tienden a ser arquetipos universales, de gran alcance, y no le darán toda la información que necesita. Si no es usted una buena «detective de símbolos», esto puede funcionar para usted hasta que sea capaz de abordar estos viajes por su propia cuenta, a través de la proyección astral.

Aprender a utilizar la proyección astral o a llevar la parte consciente de su mente a otro tiempo y/(o) lugar, es lo que le dará mejores resultados con las cartas. Eso puede ser algo tan sencillo como transferir mentalmente su conciencia mental a las cartas, o tan complejo como permitir que una parte de su cuerpo etérico abandone su sí mismo físico y entre en las cartas.

Hay toda clase de libros que le enseñan la proyección astral; tenga en cuenta que diferentes métodos pueden funcionar para personas diferentes. Yo misma escribí *Astral Projection for Beginners* (Llewellyn Publications, 1999), que contiene seis métodos diferentes, variedad que permite a los lectores determinar cuál es el que funciona mejor para ellos.

El proceso de adivinación astral por las cartas del tarot

Este método avanzado de «leer» las cartas del tarot no requiere que las encante o les transmita ningún poder. Si ha cuidado de su mazo de cartas y lo ha protegido de las energías exteriores, ya estarán bien sintonizadas con sus propias pautas de energía. Ellas son su mejor socio de trabajo en todas las empresas de adivinación que emprenda y pueden mostrarle sus vidas pasadas con toda la viveza y el colorido de una película moderna. Mientras adivinamos o miramos en sus profundidades y meditamos sobre ellas, los símbolos se nos abren literalmente y podemos viajar astralmente, de lleno a su mundo.

Este proceso de entrada es magnífico para las preguntas de adivinación de todo tipo y no sólo para explorar los temas del pasado. Mientras no esté acostumbrado al proceso de entrar en las cartas, es mejor trabajar sólo con los veintidós arcanos mayores.

Empiece por separar las cartas de los arcanos mayores del resto del mazo. No importa de qué manera caigan las cartas en sus manos; ahora tiene que colocarlas todas del derecho. Cada aspecto de la carta está abierto para que usted pueda penetrarlo, incluidos los aspectos invertidos. Los paisajes separados de su visión física por el marco de las cartas se desvanecerán y tendrá acceso a todo el alcance de los símbolos, seres, actividad elemental y otra imaginería de esa carta, así como a los auxiliares que le mostrarán lo que desea saber.

Si tiene la sensación de que desea la ayuda de un guía espiritual para trabajar con las cartas antes de hacerlo por su propia cuenta, tome una de las grandes cartas guía de los arcanos mayores: el Mago, la Papisa, la Emperatriz o el Emperador. Estas dos últimas cartas suelen ser más protectoras y adoptan una actitud paternalista con respecto a sus exploraciones. El Mago y la Papisa tienden a actuar como socios que lo acompañan, pero que de algún modo esperan que usted sea capaz de cuidar de sí misma. Las cuatro pueden plantear preguntas o mostrarle cosas que lo pueden ayudar a imaginar su pasado y su presente y que lo protegerán mientras se encuentre en su mundo.

Si no utiliza un guía espiritual para entrar en las cartas, debería barajar y cortar las cartas de los arcanos mayores como suele hacer y luego extender las veintidós cartas ante usted, boca abajo. Mientras concentra la atención en la pregunta o tema sobre su vida pasada, tome una sola carta de los arcanos mayores, dele la vuelta y colóquela en posición derecha.

Tanto si utiliza una carta guía como si no, necesitará dedicar algún tiempo a contemplar la carta elegida, un proceso al que suele denominarse «adivinación por la mirada». En ocasiones, la carta quizá parezca moverse o parpadear bajo su escrutinio. Observe los símbolos y el fondo, así como las principales figuras de la carta, mientras concentra toda su atención en cómo se relaciona esto con el tema de su vida pasada que quiere plantear.

Mientras lo hace, es posible que observe cómo se desarrolla un halo alrededor de las cartas, o que vea una doble imagen. Quizá también observe una separación de color y sea capaz de ver la carta en su coloración estándar y con los colores inversos, al mismo tiempo. Los colores inversos son los opuestos a los colores estándar en una sencilla rueda de color. Ignore las imágenes de color invertidas hasta tener la sensación de que ha grabado en su mente todas las imágenes de la carta seleccionada.

Cuando tenga la sensación de conocer la carta tan íntimamente como pueda conocer la palma de su mano, cierre los ojos y visualice cada detalle de ésta. Permita que la imagen se forme plenamente en el ojo de su mente. Tómese su tiempo; intente no descuidar ningún detalle. Puede cerrar los ojos y entrar en la carta de acuerdo con su propio método de proyección astral, o bien utilizar una imaginería mental específica para que las cartas se le abran.

Mientras contempla la carta y entra en ella, tenga en cuenta que dispone de cinco formas diferentes, distintas a la proyección astral tradicional, para visualizar la carta que se abre, permitiéndole entrar en ella:

1. Vea que la carta se empequeñece como si fuera un trozo diminuto de película fluida que usted puede atravesar. Yo lo comparo a caminar por una delgada catarata, cruzándola. Una vez que se encuentre al otro lado, se encontrará en el mundo de la carta.

2. Vea cómo la carta se empequeñece ante usted, como una cortina que puede apartar a un lado, para cruzar el umbral o deslizarse por debajo de ella. Comparo esta sensación a una fantasía de «mirar a través de la lupa», en la que se cruza un velo muy sutil más allá del cual entra en un mundo diferente.

3. Visualice la pintura de la carta convirtiéndose en una materia húmeda y goteante. Deje que esta imagen de fusión se licue para que la carta se abra a su mente consciente, de modo que pueda usted deslizarse a través de sus bordes. En cuanto se encuentre en la carta, la imagen regresará a su aspecto normal. Permita que se funda de nuevo una vez que esté preparada para abandonarla.

4. Tome la carta en su mano y contémplela durante varios minutos, hasta que su imagen del más allá quede impresa en sus ojos. Transfiera la mirada a una superficie de luz clara, como la de una pared pintada de blanco. Los colores se desvanecerán, como el negativo de una fotografía en color, pero no permita que eso le desanime. En cuanto conecte con la imagen de la superficie clara, cierre los ojos y transfiera mentalmente su conciencia a la imagen de la carta.

5. Vea la carta como si tuviese una puerta que se le abre y a través de la cual puede avanzar cuando esté preparado para entrar. Las puertas simbolizan umbrales hacia otros mundos. La imaginería funciona bastante bien, pero a algunas lectoras de cartas les resulta un cambio de atmósfera demasiado repentino.

Sabrá inmediatamente si lo está haciendo bien. La escena de la carta del tarot debería parecer cobrar vida en cuanto usted entre en la carta. Debería poder escuchar, percibir, sentir, ver y experimentar todas las acciones o símbolos representados en la cara de la carta. Dentro de la carta, debería poder escuchar el rumor de las olas, sentir el calor del fuego, tocar las hojas cortantes, solazarse con el calor del sol, pasar del día a la noche y relacionarse con los personajes o arquetipos de la carta.

Una vez en el interior, no verá un final del paisaje de la carta, como sucede cuando mira la carta desde el exterior. Será consciente de estar en un ámbito diferente de la existencia. Trate a los seres que encuentre allí con todo respeto; son tan reales como usted misma y están ahí para ayudarla a explorar y crecer.

Si antes ha entrado en una carta guía, repita su pregunta o el tema a la figura guía y pídale su ayuda. Quizá le indique el camino a seguir, le abra un pasaje a otra carta o lo acompañe a un lugar en su carta o en otra carta. Si desea que su guía lo acompañe, sólo tiene que pedírselo. O bien la carta guía encontrará la forma de ir con usted o le proporcionará un sustituto en quien puede confiar, un ser con forma humana, o quizás un animal, que lo guiará en su viaje. No tiene por qué irse con ningún ser que le haga sentirse incómodo. Si no se siente cómodo con el guía que se le ha dado, solicite otro guía o pídale al guía actual que aparezca de una forma más agradable para usted. En el caso de que no se le conceda su petición, salga de la carta y vuelva a intentarlo más tarde.

Si ha entrado en la carta a solas, tómese la libertad de deambular por ella, de explorar, de hablar con los seres a los que encuentre o de unirse a ellos en sus viajes. Pregúnteles qué piensan, qué saben, cómo aprenden y qué le pueden enseñar. Tenga en cuenta que estos seres están preparados y con la voluntad de ayudarlo en su búsqueda, si bien no son sus sirvientes. Todos los seres de las cartas están vivos y situados en el plano astral; son tan reales como usted mismo en su propio plano de existencia. Trátelos con respeto, no olvide darles las gracias por su ayuda y de ese modo seguirá contando con su voluntariosa ayuda mientras explora usted sus vidas pasadas.

Si ha entrado en una carta-guía, el guía puede llevarlo consigo o bien llevarlo a otra carta. Esto es especialmente cierto en casos en que la información sobre la vida pasada que busca aparece emocionalmente cargada y podría conmoverlo demasiado. Entré en la carta de la Emperatriz buscando información sobre un lazo kármico específico que sentía con otra persona, pero no pude comprender lo que se suponía que sentía o debía hacer por esa persona.

Al pedirle su ayuda, la Emperatriz se transformó en una mujer pálida y de voz ronca, vestida con una túnica blanca. Me llevó hacia lo alto, a un ámbito blanco y me hizo entrar en una habitación toda blanca que no parecía tener rincones, ni principio ni final. Ante mí, sobre una «pared» blanca, quedó al descubierto una escena de mi pasado como si estuviera siendo proyectada sobre una pantalla de cine. Me permitió contemplar los orígenes de esta deuda kármica, sin que yo tuviera que revivir su trauma emocional. Me vi a mí misma desde la distancia, en lugar de experimentar la vida pasada en el cuerpo anterior de mí misma.

A medida que la escena se desplegó ante mí, pude verme como una joven polinesia. No debería de tener más de catorce años, pero ya tenía pareja y un bebé de unos seis meses de edad. Vivíamos en una pequeña tribu en una isla del Pacífico, completamente cubierta por la vegetación de la selva virgen y tropical. Llevaba el cabello largo, que era de color oscuro, pero sin peinar. También tuve la percepción de que no era precisamente la luz más brillante que hubiese lucido sobre el planeta. Tuve la sensación de que debía de hallarme en el siglo XIV o XV. Pertenecía a una tribu sumida en la superstición y en los temores primitivos, inconscientes de ninguna otra cultura que pudiera haber en el mundo, excepto la nuestra.

El punto más alto de nuestra isla estaba formado por un volcán pequeño pero activo que, durante meses, había estado produciendo temblorosas oleadas de terremotos a través de nuestro pequeño mundo. Yo era consciente de que los movimientos desestabilizadores de la tierra provocaban pánico entre nuestro pueblo. No comprendíamos qué o quién estaba enojado con nosotros, pero sabíamos, por nuestras tradiciones orales, que todos aquellos temblores señalaban una inminente erupción volcánica.

Mientras estaba en «casa», en un cobertizo comunal, tenía a mi bebé sobre una esterilla, cerca de una pared. Me ocupaba de atender lo que parecía ser un cono de incienso, mientras pelaba la piel de algún tipo de fruta tropical. Sabía que el incienso (el humo) era para apaciguar a las divinidades del fuego que controlaban el volcán.

Mientras trabajaba en el cobertizo, el volcán empezó a emitir ruidos y a lanzar cenizas y llamas. Presa del pánico, abandoné la cabaña, dejando al bebé dentro y corrí hacia donde se encontraba el resto de mi histérica tribu, en el extremo más alejado de la isla, donde confiábamos que el terreno más alto podría protegernos de las iras del volcán.

En otras palabras, abandoné al indefenso bebé, no por maldad, sino por pura estupidez y temor. No creo que fuera la única que corrió para salvarse, dejándolo todo atrás. Pero en este caso había producido una deuda kármica, que todavía le debía al alma que habitaba en el cuerpo del pequeño bebé. Una vez que supe dónde se había originado el problema, pude perdonarme a mí misma por haber dejado atrás a mi hijo y comprendí cómo compensar mi acto egoísta y cortar mis lazos kármicos con esa persona de una vez para siempre.

Los pros y contras de utilizar el mazo de cartas completo

Puede utilizar este mismo proceso de entrar en la carta con todo el mazo, incluidos los arcanos mayores y menores. Mientras no se haya acostumbrado a entrar en las cartas de los arcanos menores, le recomiendo que lo haga acompañada en cada momento por un guía. Las cartas de los arcanos menores son de naturaleza muy elemental y pueden ser caóticas e incluso aterradoras para la exploradora novicia. En muchas de estas cartas, las emociones son crudas y los elementos duros.

Para entrar en una carta de arcano menor, lo primero que debe hacer es entrar en la carta guía y decirle al guía qué carta seleccionó del mazo cuando preguntó por su karma o un tema de su vida pasada. El guía podrá llevarla hasta allí y protegerla de algunos de los aspectos elementales más desagradables y emocionales de la carta. El guía también se asegurará de que, cuando abandone la carta del arcano menor, cierre usted bien la puerta que separa ambos mundos. Dejarla aunque sólo sea parcialmente abierta supone invitar a que acudan a su propio mundo toda clase de energías aleatorias y entidades que pueden hacerla sentirse angustiada, desequilibrada y muy incómoda. De ese modo, puede terminar por sentir que ha perdido mucho más de lo que ha ganado en su aventura de búsqueda del conocimiento.

Cuando un guía lo conduce de regreso a su carta, al final de la exploración, puede actuar como un medio de resonancia que lo ayuda a comprender lo que está viendo, cómo eso le afecta y cómo puede superarlo. Tómese la libertad de hacerle preguntas al guía. Se dará cuenta cuándo ha llegado el momento de dejar de hacer preguntas porque ya habrá obtenido todas las respuestas que podía, ya que el guía regresará entonces a sus actividades, tal como aparecen representadas en la carta y usted sabrá que esa sesión concreta ha terminado.

Salir de las cartas

Puede permanecer dentro de la carta durante todo el tiempo que necesite para reunir la información que desea. No obstante, sea consciente de que la carta puede imponer, por sí misma, cuándo le ha dicho todo lo que tiene intención de decirle. La dinámica de la carta será más lenta, los seres representados en ella dejarán de hablarle o de hacerle gestos o quizá alguien lo dirija de regreso al lugar por donde entró en la carta. En algunos casos, la carta «congelará el cuadro» y tendrá usted la sensación de que el velo que separa el mundo de la carta del suyo se hace tan fino que puede usted retroceder para regresar al suyo propio.

Si siente la necesidad de salir de la carta antes de que ésta le haya transmitido todo lo que ha pedido saber, limítese a emplear la palabra o el gesto que utiliza para salir de un trance meditativo. Para algunos, eso implica contar. Para otros, se trata de una palabra o frase clave y para otros es simplemente una visualización. Utilice aquello que le facilite más la transición y selle el mundo de la carta por detrás de usted, de modo que no haya derramamientos entre los dos mundos. Yo suelo emplear la frase «Estoy en casa». Una vez repetidas tres veces, en rápida sucesión, me encuentro de nuevo en mi propio cuerpo y con mi conciencia normal de vigilia.

Si abandona una carta antes de lo esperado, se debe a sí misma el tomarse algún tiempo y explorar por qué abandonó la carta antes de que ésta hubiera terminado de impartirle el conocimiento que posee. Quizá no le estaba mostrando lo que usted quería ver, o acaso la visión fue de algún modo violenta o perturbadora. Siempre puede solicitar un guía que la ayude a distanciarse de la escena, como se hizo conmigo cuando exploré la vida en la Polinesia. Esta amplia visión de las cosas ayuda a romper los lazos emocionales inducidos por el hecho de «estar» en la imagen de la carta y puede facilitar mucho el revivir un incidente inquietante de su vida pasada.

También ayuda recordar que lo está volviendo a ver, que es algo ya hecho, que está en el pasado. Nadie discutirá que hay escenas desagradables en la vida de cualquier persona, pero esas escenas sólo tienen el propósito de darle información que usted misma ha pedido, con el propósito de ayudarlo a su crecimiento espiritual.

Hay imágenes de otro sí mismo, pero no de quien es usted ahora. Convoque a sus guías si empieza a sentirse asustada y tenga en cuenta que aquí se trata de escenas ocurridas en un pasado muy remoto. No pueden hacerle ningún daño y, sin embargo, pueden servirle de ayuda.

El conocimiento es sabiduría y la sabiduría es poder

Recuerde que las cartas nos dicen el futuro basándose en los potenciales puestos en movimiento por la energía que dirigimos cada día hacia la rueda de la existencia. Al cambiar ese potencial, cambiamos el resultado. No hay karma que no se pueda superar y no hay vida pasada que pueda afectar a sus vidas futuras sin su consentimiento. Así pues, el conocimiento constituye el poder sobre su karma. Al poner en acción ese conocimiento, éste se convierte en sabiduría, la cual puede romper las ataduras de los lazos kármicos.

Las cartas del tarot nos ofrecen innumerables visiones de nuestros sí mismos interiores y pueden actuar para ayudarnos a superar o comprender cualquier aspecto de cualquier persona o situación que haya afectado a nuestras vidas. No obstante, seguimos siendo los arquitectos de nuestro propio destino. Las cartas pueden mostrarnos lo que tenemos que hacer para efectuar esos cambios positivos, pero únicamente nosotros podemos emprender las acciones adecuadas para convertir nuestras vidas, y todas nuestras vidas futuras, en aquello que deseamos que sean.

Examine una vida futura potencial utilizando este mismo método de entrar en la carta. Prepárese para ver un mundo que se encuentra en estado de flujo constante, que cambia tan rápidamente como cambiamos en nuestra propia vida actual y en nuestro mundo. Lleve siempre un guía consigo para ayudarlo a interpretar lo que ve y a distanciarse de cualquier visión perturbadora. Confíe en los cuatro guías de los arcanos mayores y ellos le abrirán un universo completamente nuevo.

19
Descubra sus vidas pasadas

*L*a habilidad para experimentar regresiones hipnóticas o para permitir que otros lo hagan por usted, es una experiencia iluminadora e impresionante. Ser capaz de poder regresar a una vida específica del pasado intensificará su uso de las cartas del tarot para obtener información sobre su vida pasada. Estas dos herramientas se apoyan y se redefinen la una a la otra, permitiéndole sacar el máximo provecho de las exploraciones de su vida pasada.

Este último capítulo le indicará las herramientas que necesita para intentar la autorregresión y le proporcionará un valioso recurso para obtener ayuda cuando la necesite.

Trabajar con un socio o buscar ayuda externa

La autorregresión es algo complicado y, en cierto modo, más difícil que trabajar con un socio que puede permanecer sentado a su lado y guiarlo a través del proceso de regresión. Un socio en quien usted haya depositado su confianza puede dirigirla verbalmente de un período a otro período de la vida anterior, obligándola a contestar preguntas duras que habría preferido ignorar. Un socio puede dirigir su atención hacia incidentes o personas que quizás haya pasado por alto y, al mismo tiempo, consigue que usted se sienta cómoda en situaciones difíciles.

El papel más importante de un socio es que puede apartarla de una situación emocionalmente devastadora, dirigiéndola de tal modo que se distancie de la misma. Esto es más difícil de hacer cuando sólo depende de uno mismo. Si siente angustia, el socio puede recordarle que está contemplando acontecimientos que ya han pasado y ayudarla a distanciarse mentalmente de los mismos, contemplando cómo las situaciones de la vida pasada se despliegan ante usted desde una distancia segura, en lugar de experimentarlas «en el cuerpo», como suele suceder con las regresiones.

Prográmese con palabras, frases o acciones clave al entrar en el estado de meditación que lo conduzcan a la exploración de la vida pasada y que puedan ayudarla a distanciarse del acontecimiento o incluso a sacarla de la experiencia. Más adelante, en este mismo capítulo, se incluyen instrucciones para hacerlo así.

Sin un socio que le sostenga la mano o que rechace las ideas, quizá tenga la sensación de que la regresión a una vida pasada queda sin resolver. La gente en la que confiamos en esta vida nos conoce a menudo mejor que nosotros mismos y puede señalar aspectos significativos de una regresión que nosotros podríamos pasar por alto. Ello se debe a que esos rasgos o temas están tan imbuidos en nuestro interior que no logramos considerarlos como si fuesen singularmente nuestros, que es lo que son. Estos socios, ya se trate de amigos, un miembro de la familia, maestros, también pueden haber pasado con usted por muchas vidas y, tanto si las partes se dan cuenta como si no, la persona de apoyo puede estar hablándole a partir de las experiencias que su regresión agita en su mente inconsciente, o quizá no esté valorando a la persona que conoce de su vida actual.

Otra buena razón para contar con un socio en quien confíe y con quien hablar sobre la experiencia de la regresión es la posibilidad, muy real, de que los acontecimientos o situaciones perturbadoras del pasado que encuentre continúen asediando su mente hasta que descubra una forma de asimilarlas en el sí mismo que conoce ahora. Contar con la aportación de alguien en quien confía es especialmente importante si no cuenta con experiencia en el trance hipnótico o en el trabajo de regresión a una vida pasada. Muchos de los acontecimientos de nuestra vida pasada no son precisamente bonitos y, en muchos casos, contemplar la propia muerte puede conducir a síntomas de estrés postraumático. La única forma de evitarlo consiste en aprender a distanciarse emocionalmente de lo que vea en el pasado. Contar con un socio de trabajo que actúe como guía y apoyo en el momento de la regresión es algo muy recomendable para principiantes, hasta que haya aprendido a distanciarse emocionalmente de acontecimientos trágicos o traumáticos. Un socio puede recordarnos suavemente la necesidad de retroceder un paso y observar desde la distancia, como si estuviera viendo una película. Lo que vea en ella ya no es el usted que está aquí y ahora. Un socio le recordará con suavidad que la vida que está contemplando ya ha pasado. No hay en ella nada que le pueda doler ahora; únicamente contiene cosas que le pueden enseñar. Eso es, habitualmente, lo único que se necesita para aprender a observar todo lo que acontece con una mirada objetiva.

Si fuese incapaz de distanciarse por sí sola de un acontecimiento particularmente perturbador de su vida pasada, siempre puede encontrar ayuda profesional por parte de personas que no pensarán que usted está loca o que sufre de alucinaciones. La International Association for Regression Research and Therapies (IARRT, Asociación Internacional para la Investigación y las Terapias de la Regresión) es una organización que sigue un rígido código de estándares profesionales. Muchos de sus miembros son psicólogos o profesionales médicos que han descubierto el valor de la regresión a una vida pasada como terapia para los problemas de la vida actual. Los miembros de la IARRT no tienen por qué creer en la validez de la experiencia de la vida pasada, sino únicamente en su valor terapéutico. La organización da la bienvenida a todo aquel que esté interesado en la terapia y en la investigación de la regresión. Publican una revista trimestral y ofrecen referencias a terapeutas de la vida pasada que viven y trabajan en todo el mundo. Su página web contiene un directorio *online* de terapeutas miembros, con los que puede ponerse en contacto en caso de necesitar su ayuda. Puede encontrarlos en:

IARRT
P. O. Box 20151
Riverside, CA 92516
909-784-1570
http://www.iarrt.org

El único inconveniente de trabajar con un socio en las regresiones a su vida pasada es que, en ocasiones, su sí mismo pasado no entiende quién es el que hace las preguntas. Eso puede alterar a su sí mismo pasado, que exige saber quién es esta voz y de dónde procede. Una vez que eso haya sucedido, al socio le será difícil dirigir la regresión porque el sujeto habrá quedado obsesionado con la voz incorpórea, en lugar de con los detalles de su vida anterior.

El único remedio para esta situación consiste en hacer avanzar al sujeto en el tiempo, dentro de la misma vida y confiar en que habrá olvidado la voz y, simplemente, le permitirá observar mientras sigue viviendo su vida. Si eso no sucediera así, tendrá que terminar la sesión y volver a intentarlo más tarde.

El arte de la autorregresión

Cualquiera puede efectuar una regresión por su cuenta a una vida pasada, pero lo facilita el que ya posea una buena comprensión del arte de la meditación o que tenga habilidades en la proyección astral. Si no posee estos conocimientos, quizá necesite más tiempo para alcanzar sus objetivos, pero finalmente podrá llevar a cabo autorregresiones, practicando el arte paso a paso. Cuanto más frecuentemente haga el intento, tanto más fácil le será y tanto más claras serán sus impresiones. Para efectuar una regresión a una de sus vidas pasadas, lleve a cabo los siguientes veinte pasos:

1. Encuentre un lugar donde pueda relajarse sin ser perturbado durante por lo menos media hora. Es mejor si puede ser por más tiempo, pero treinta minutos es el período mínimo que se necesita. Eso significa que los hijos deben estar fuera del hogar, que los animales de compañía estén allí donde no puedan molestar y que no espere ningún tipo de visitas. Descuelgue el teléfono y hágase el propósito de ignorar el timbre de la puerta o prestar atención a ninguna otra cosa que pueda afectar a la concentración en su tarea.

    Será bueno que la zona donde vaya a trabajar esté en penumbras y sea cálida. Nuestros cuerpos se enfrían rápidamente durante la meditación y sensaciones físicas como el frío pueden sacarla de su estado meditativo. Échese una manta encima antes de empezar, sólo para asegurarse. Es mejor estar un poco más caliente que demasiado fría durante la meditación.

2. El mundo está lleno de gente y es ruidoso. En ocasiones, resulta difícil desconectarse de todas las posibles distracciones. Debido a ello, muchas personas creen que la música de la Nueva Era, rítmicamente vaga, y un poco de incienso sirven de ayuda para filtrar los sonidos y aromas no deseados.

3. Puede sentarse o tumbarse, adoptando la posición en la que se sienta más cómoda. Asegúrese de mantener su posición sin estrés o dolor durante por lo menos treinta minutos.

4. Si desea explorar una vida pasada específica, debería empezar por concentrar su mente en ella ya desde el principio. Si acaba de realizar una lectura del tarot para una vida pasada concreta, la conexión mental de esa vida será todavía especialmente fuerte.

    Si ha llevado a cabo una lectura del tarot en el pasado y desea regresar ahora para explorar esa vida pasada mediante la regresión, tome su mazo de cartas del tarot y extienda las cartas delante de usted tal como estaban en aquella primera lectura.

    Tómese algún tiempo para volver a familiarizarse con la lectura y trate de descubrir qué es lo que le impulsa a regresar a ella. Ésta es otra razón de que se deba llevar un buen registro.

5. Quizá desee efectuar primero una regresión y luego trabajar en las lecturas del tarot para clarificar los temas kármicos o cualquier otro punto de valor de esa vida pasada específica. Tenga a mano bolígrafo y libreta para registrar sus impresiones de la vida pasada en cuanto haya despertado. Más tarde, podrá comparar la regresión con la lectura del tarot.

6. Cierre los ojos y empiece a respirar profundamente, con lentitud. Justamente ahora se inicia su proceso de meditación.

7. Deje que su mente trabaje con más lentitud y que sus pensamientos se centren en su objetivo. Algunas personas entran en estado de meditación contando hacia atrás, otras contando cada inspiración que hace y otras concentrándose en una sola palabra o imagen. Haga aquello a lo que esté acostumbrado o que tenga la sensación de que funciona mejor para usted. Todo el mundo es diferente.

   Si no está acostumbrado a meditar, necesitará mucho tiempo para situarse en el estado mental apropiado para que se produzca la regresión. Quienes tienen práctica en la meditación es muy probable que puedan entrar en el estado mental deseado casi inmediatamente. Haga las cosas lo mejor que pueda con lo que es usted mismo ahora. Puede desarrollar sus habilidades con el transcurso del tiempo, a medida que trabaja con el tarot y más temas de sus vidas pasadas.

8. Después de varios minutos de meditación, debería programarse dos disparadores en su mente.

   El primero de ellos debería ser una palabra o frase para un rápido regreso que lo saque inmediatamente de cualquier situación perturbadora. Aquí resulta útil emplear una frase como «Estoy en casa» o «Regreso». Dígase a sí misma que pronunciar estas palabras tres veces en rápida sucesión la separará inmediatamente de su vida pasada y la despertará por completo.

   El segundo disparador será uno que le permita distanciarse de una situación traumática, en el caso de que eso sea necesario. Yo utilizo la palabra «Distancia», repetida tres veces. Quizá desee usted contar desde, por ejemplo, uno a siete, o confiar en un espíritu auxiliar que la saque de su sí mismo anterior.

   Una vez más, cada persona es diferente, pero necesita contar con algo para el caso de que se encuentre ante una situación que no esté preparado para manejar.

Cada persona tiene un nivel diferente de tolerancia al trauma emocional. No importa la vida en la que haya concentrado su atención, sigue siendo usted la suma de sus antiguos y futuros sí mismos. Es usted un ser singular y lo que cualquier otra persona puede descartar como nada más que un bache en la carretera, para usted puede suponer una horrenda caída en el vacío.

No se desafíe a sí misma en situaciones que no pueda soportar. Si distanciarse de ellas no fuera suficiente, entonces salga de la regresión, tome notas de lo que haya experimentado y regrese a esa vida en una fecha posterior, cuando se sienta más capaz de afrontarla. Si tiene la sensación de que no puede regresar y volver a experimentar esa vida en particular, entonces permita que sean las cartas del tarot las que la guíen.

9. Continúe permitiéndose a sí misma entrar en el estado de meditación más profundo que le sea posible en este momento. No vaya interiormente tan lejos que no sea capaz de dirigir la regresión por sí mismo, pero sí lo bastante profundamente como para que los ruidos ambientales y los recuerdos de su vida actual no oscurezcan la experiencia de su vida pasada. Se trata de alcanzar aquí un delicado equilibrio que sitúa el sí mismo interior entre los dos mundos. A medida que lo practique le resultará más fácil alcanzar ese delicado estado.

10. Utilice la imaginería mental que funcione mejor en su caso para retroceder en el tiempo. Algunas personas visualizan un calendario que va pasando fechas hacia atrás, otras cuentan por años o por números hacia atrás, algunas se ven a sí mismas en un vehículo que se mueve hacia atrás y otras viajan a través de un largo túnel oscuro hacia el pasado. Yo me visualizo a mí misma cayendo por un vacío en el espacio, que me lleva de regreso en el tiempo.

11. Una vez que se sienta preparada para dejar de moverse hacia atrás, salga de su viaje imaginario a otro lugar y en otro

tiempo. No abra inmediatamente sus ojos mentales. Permítase un momento para disfrutar del viaje en el tiempo y concédase un lapso para sentirse firmemente anclada en esta vida pasada.

12. Abra lentamente sus ojos mentales. Mírese primero los pies o la ropa. Si no puede verlos, trate de centrar la atención en las manos y vea qué están haciendo. Lo que desea es establecer una sensación de sí misma, antes de tratar de establecerse dentro de un tiempo y un lugar específicos.

13. Una vez que se haya examinado, levante la cabeza y compruebe el ambiente que la rodea. ¿Se encuentra en el interior o en el exterior? ¿En qué estación del año? ¿Está en compañía de otras personas o a solas? ¿Es hombre o mujer? ¿Adulto o niño? ¿Está casado o es soltero? ¿Es esclavo o libre? ¿Rico o pobre? ¿Puede percibir algo del idioma que se habla o del país en el que se encuentra? ¿Qué año es? ¿Cuál es su estatus social? ¿Qué le indica pistas sobre su estrato social? ¿Hay alguna superficie reflectante cerca donde pueda mirar y ver el aspecto que tiene su rostro o su cabello?

    Todas éstas son las primeras preguntas que debe hacerse y responderse. Una vez que haya recopilado tantos hechos como pueda, permítase a sí misma descubrir por qué esta vida pasada tiene importancia para su vida actual. Busque lazos kármicos que hayan sido creados o errores o aciertos que otros hayan cometido con usted, para usted, a usted. Utilice las lecturas de tarot de su vida pasada como ayuda para sintonizar con aquello que desea saber.

14. Si tiene la sensación de no estar obteniendo información suficiente del lugar al que ha llegado en su vida pasada, tome la decisión de moverse hacia delante, dentro de los límites de esta misma vida pasada hacia acontecimientos de importancia ocurridos en ella. A menudo, esto será un ciclo vital de acontecimientos, como una boda o una próxima celebración de cumpleaños.

Sea consciente de que, en muchas regresiones, este acontecimiento importante puede ser una muerte, quizás incluso la suya propia. El proceso de la muerte puede producir una angustia emocional aunque ésta no haya sido violenta, y puede que desee distanciarse de tal acontecimiento. Utilice la palabra o frase disparadora previamente establecida, cuando entró en la meditación, para salir del plano astral o del sí mismo de su alma en el cuerpo de su vida pasada. De este modo, puede flotar por encima de sí mismo y observar, en lugar de experimentar, el proceso de la muerte.

15. En algunos casos a lo mejor será capaz de seguir a su alma más allá del momento de la muerte física hacia la vida entre las vidas. Muchos exploradores de vidas pasadas pueden examinar cómo ellos y sus auxiliares espirituales pudieron valorar la vida que vivieron y cómo planearon su siguiente encarnación.

16. Ahora, puede seguir adelante y explorar otra vida pasada, pero le recomiendo que regrese antes a su vida actual y a su estado normal de vigilia. Habrá muchas cosas relacionadas con su regresión que deseará recordar con objeto de sacar el mejor partido posible de la experiencia. Lo mismo que los sueños, las imágenes de la regresión a una vida pasada se pueden evaporar con rapidez una vez que se haya despertado y tendrá que tomar notas cuando la experiencia todavía se mantiene fresca en su mente. Cuanto más tiempo espere para registrarla, tanto más escasos serán los datos que pueda recuperar.

Siempre puede volver directamente a la meditación después de haber registrado sus experiencias. No obstante, quizá descubra que su exploración le ha agotado mucho más de lo que esperaba. Durante el proceso de regresión pareció hallarse descansando, pero en realidad tuvo que emplear una tremenda cantidad de energía personal en su experiencia. Cuanto más emocional sea el momento de la vida con el que ha conectado, tanto más agotadora puede ser la experiencia.

17. Con objeto de salir de la regresión, invierta cualquier imaginería mental que haya utilizado para entrar en la regresión de su vida pasada. Por ejemplo, visualice que el calendario se mueve hacia delante, que cuenta hacia arriba, respire profundamente, sienta que su conciencia regresa a su cuerpo físico. Yo me permito a mí misma ascender por el vacío al que me arrojé, hasta que vuelvo a estar «en mi cuerpo».

18. Registre cuanto antes todo lo que pueda recordar sobre su experiencia de regresión. Encuentre un método de escritura rápida y abreviada que le funcione para poder captar todos los detalles antes de que se le deslicen por la memoria y desaparezcan. Querrá llevar un registro de la ropa que llevaba, de las conversaciones, las relaciones y cualquier otra información que se le mostró.

    Sea prudente en cuanto a la utilización de un aparato de grabación mecánico, con la intención de transcribir más tarde lo que haya grabado. En la mayoría de los casos, eso es algo que luego nunca se llega a hacer, o bien la grabación es de una calidad deficiente y termina por perderse la experiencia. Lo sé porque a mí misma me ha ocurrido más de una vez. Ahora, sólo me fío del papel y el bolígrafo.

19. Después de haber tenido unos pocos días para pensar en su experiencia de vida pasada y de unas pocas noches para permitir que los sueños de esa vida pasada llegaran hasta usted, quizá desee probar con algunas lecturas del tarot tomadas de este libro para aclarar mejor las preguntas no contestadas o para obtener más percepciones sobre el propósito y el significado de su vida pasada.

    Si ninguna de las lecturas del tarot incluidas en este libro parecen encajar en lo que desea saber, regrese al capítulo 18. Intente seleccionar una carta del mazo y utilícela como punto de partida para entrar en el mundo de las cartas.

20. Observe si hay algún hecho de su regresión que pueda verificar de algún modo mediante los registros existentes. Mu-

chos exploradores de la vida pasada han validado su vida pasada viajando a los lugares donde ésta se desarrolló y buscando en los registros locales la confirmación de nombres, fechas de nacimiento, fechas de defunción y comprobando *in situ* el aspecto de la zona, tal y como la vio en el pasado.

Si bien este último paso no tiene nada que ver con sus lazos kármicos y contribuye bien poco en ayudar a su crecimiento espiritual, encontrar una validación para su vida pasada le proporciona una sensación de logro y una dirección a seguir, y lo ayuda a sentir que se encuentra en el camino correcto hacia el crecimiento y el conocimiento.

Valoración de la experiencia de la regresión

Cada experiencia de regresión se siente diferente. Al principio, puede tener incluso la sensación de estar inventándose todo el escenario. Eso es normal. Está entrando en un mundo al que únicamente había accedido previamente a través de los sueños. Estar despierto y permitir a su mente el viajar a otros tiempos y lugares es algo a lo que no están acostumbrados ni su cuerpo ni su alma, pero se adaptarán con rapidez.

¿Cómo saber si lo que está viendo es real? En primer lugar, tiene que definir qué es «real», algo con lo que los metafísicos han estado forcejeando desde hace siglos. Lo único que puede hacer es llevar registros y volver a valorar periódicamente la importancia de la experiencia de su vida pasada para el conjunto de su vida actual. Con el tiempo, aprenderá a diferenciar entre verdaderas experiencias de vida pasada y psicodramas generados por su mente subconsciente para complacerlo.

Lo que he descubierto en mis propias regresiones y en las regresiones que he llevado a cabo para otros, es que la gente se encuentra a menudo en lugares y situaciones que no esperaba. Los sujetos terminan en lugares y en épocas de las que previamente no poseían ningún conocimiento o por las que no tenían ningún interés, practicando profesiones que jamás habrían considerado que fuesen capaces de practicar.

En cierta ocasión ayudé a efectuar una regresión a un clérigo que se encontró trabajando como impresor en el Medio Oeste de Estados Unidos, a finales del siglo XIX. Una música que estudiaba civilizaciones antiguas en la universidad se encontró actuando en un trapecio en un circo francés hacia mediados del período victoriano. Una fanática de los clásicos se encontró que había sido un judío anciano en Israel, en la época aproximada de la conquista romana. Un ardiente pacifista descubrió horrorizado que había formado parte de las legiones romanos que habían aterrorizado y finalmente conquistado la Galia. Un estudiante de derecho se encontró llevando la vida de una esclava en lo que suponía fue el antiguo México. Un contable se vio a sí mismo trabajando como un abogado del siglo XVIII en Austria y admitido por su profesión en las clases altas, pero con la dolorosa conciencia de trabajar para ellas y de hallarse situado por debajo de ellas en la escala social de la época. Ese mismo contable se vio a sí mismo en otra vida, durante la fiesta de bodas de su hija, en un hotel de San Francisco, en los años anteriores al terremoto de 1906. La experiencia fue tan clara para él que, años después de la regresión, pudo recordar hasta el color y el estilo del papel de la pared en la sala de baile del hotel.

Yo tengo una licenciatura en historia por la Universidad de Texas y suelo ser excesivamente meticulosa en la tarea de captar los detalles que pueda verificar, si bien sé que eso puede tener sus dificultades. Recuerde que es usted la suma de todas sus partes y que, ocasionalmente, otras vidas e imágenes se entremezclarán en sus recuerdos de vidas pasadas. Los mejores sujetos para la regresión son aquellos que tienen poco conocimiento detallado de la historia y que se hallan abiertos a la posibilidad de haber vivido antes.

La música que se encontró actuando en el circo francés se negó a llevar a cabo ninguna investigación en el mundo del circo o en la Francia victoriana, hasta que pudiera explorar más a fondo aquella vida pasada. Sólo después de eso se permitió a sí misma efectuar alguna investigación y establecer comparaciones para tratar de verificar aquella vida pasada.

Naturalmente, las cartas del tarot pueden ser su libro guía cuando no disponga de ningún otro. Las lecturas que tienen sentido y que usted pueda seguir indican que probablemente estuvo viviendo aquella vida pasada y no experimentando un sueño o un psicodrama. Los lectores experimentados de cartas saben que cuando no hay tema discernible o cartas coherentes, la vida que están examinando o bien no existió o bien el sí mismo interior está bloqueando la información, al menos por el momento, incluso para protegerlos de detalles que quizá no desean conocer realmente conscientemente.

▲ ▲ ▲

La exploración de la vida pasada es una forma de conocerse a sí misma; las cartas del tarot son otra. Utilizar simultáneamente estas valiosas herramientas para el autoconocimiento intensificará la experiencia para usted. Las profundas impresiones del subconsciente y el rico simbolismo de las cartas del tarot hablan a aquellos lugares que se ocultan en su interior y que desean darse a conocer. Lo único que necesitan es hallar un camino para llegar a nuestras mentes conscientes. Las cartas del tarot, utilizadas para la exploración kármica y de las vidas pasadas, nos ofrecen ese camino.

REFERENCIAS BIBLIOGRÁFICAS

ANDREWS, Ted, *How to Uncover Your Past Lives*, Llewellyn Publications, St. Paul, MN, 1992.

ANHEIM, Rudolph, *Art and Visual Perception*, University of California Press, Berkeley, CA, 1964.

AVERY, Jeanne, *Astrology and Your Past Lives*, Simon and Schuster, Nueva York, 1987.

BONEWITZ, Isaac, *Real Magic*, Samuel Weiser, York Beach, ME, 1989.

CAMPBELL, Joseph, *The Hero with a Thousand Faces*, Princeton University Press, Princeton, NJ, 1973. (Existe trad. esp., *El héroe de las mil caras, psicoanálisis del mito*. Madrid, Fondo de Cultura Económica de España, 2005.)

CHANEY, Robert, *Akashic Records: Past Lives and New Directions* (versión en audiocasete), Astara, Upland, CA, 2001.

CLARK, Mary E., *Ariadne's Thread: The Search for New Modes of Thinking*, MacMillan, Nueva York, 1989.

CONNOLLY, Eileen, *Eileen Connolly's Tarot: The First Handbook for the Master*, New Castle Publishing, Nueva York, 1996.

—, *Tarot: A New Handbook for the Apprentice*, New Castle Publishing, Nueva York, 1990.

FIORE, Dra. Edith, *You Have Been Here Before*, Ballantine Books, Nueva York, 1978. (Existe trad. esp., *Usted ya estuvo aquí, revelación de vidas anteriores*. Madrid, Editorial Edaf, 1980.)

GALENORN, Yasmine, *Tarot Journeys: Adventures in Self-Transformation*, Llewellyn, St. Paul, 1996.

GARDNER, Adelaide, *Meditation: A Practical Study*, Quest Books, Wheaton, IL, 1968.

GILES, Cynthia, *The Tarot: History, Mistery and Lore*, Fireside, San Francisco, 1994.
GOLDBERG, Dr. Bruce, *Past Lives, Future Lives*, Ballantine Books, Nueva York, 1982.
GRAY, Eden, *Mastering the Tarot: Basic Lessons in an Ancient Mystic Art*, Signet, 1971.
GREER, Mary K., *The Complete Book of Tarot Reversals*, Llewellyn Publications, St. Paul, MN, 2002.
HAMAKER-ZONDAG, Karen, *Tarot as a Way of Life*, Red Wheel/Weiser, York Beach, ME, 1997. (Existe trad. esp., *El tarot como vía de conocimiento*. Barcelona, Ediciones Urano, 2000.)
HAWKE, Elen, *Praise to the Moon*, Llewellyn Publications, St., Paul, MN, 2002.
JAMEISON, Bryan, *Exploring Our Forgotten Lives*, Driftwood Publications, San Diego, 1999.
JUDITH, Anodea, *Wheels of Life: A User's Guide to the Chakra System*, Llewellyn Publications, St. Paul, MN, 1987. (Existe trad. esp., *Nueva guía de los chakras, las ruedas de la energía vital*. Teià, Ediciones Robinbook, 2001.)
JUNG, Carl G., *Psyche and Symbol*, Doubleday, Nueva York, 1958. (Existe trad. esp., *Psicología y simbólica del arquetipo*. Barcelona, Ediciones Paidós Ibérica, 1999.)
KELLY, Dorothy, *Tarot Card Combinations*, Samuel Weiser, York Beach, ME, 1995. (Existe trad. esp., *Combinaciones de las cartas del tarot*. Madrid, Editorial Edaf, 1997.)
KNIGHT, Gareth, *A Practical Guide to Qabalistic Symbolism*, Red Wheel/Weiser, York Beach, ME, 1996, 2001. (Existe trad. esp., *Guía práctica del simbolismo cabalístico, de las esferas del árbol de la vida, de los senderos y el tarot*. Villaviciosa de Odón, Equipo Difusor del Libro, 2005.)
KRYSTAL, Ruth, *Cutting the Ties of Karma*, Red Wheel/Weiser, York Beach, ME, 2001.
MACGREGOR, Trish y Phyllis VEGA, *Power Tarot: More than 100 Spreads That Give You Specific Answers to Your Most Important Questions*, Fireside, San Francisco, 1998.
MARSHALL, Shelley, *The Book of Karma*, Phantasma Publishing, Hollywood, FL, 1993.

McClain, Florence Wagner, *A Practical Guide to Past Life Regression*, Llewellyn Publications, St. Paul, MN, 1987.

McCoy, Edain, *Astral Projection For Beginners*, Llewellyn Publications, St. Paul, MN, 1999.

—, *Making Magick*, Llewellyn Publications, St. Paul, MN, 1997. (Existe trad. esp., *Hacer magia*. Teià, Ediciones Robinbook, 1998.)

Morgan, Michele, con Rebecca Richards, *A Magical Course in Tarot: Reading the Cards in a Whole New Way*, Conari Press, Santa Fe, NM, 2002.

Newton, Michael, *Destiny of Souls: New Case Studies of Life Between Lives*, edición revisada, Llewellyn Publications, St. Paul, MN, 2000.

Nichols, Sallie, *Jung and Tarot: An Archetypal Journey*, Samuel Weiser, York Beach, ME, 1980. (Existe trad. esp., *Jung y el tarot, un viaje arquetípico*. Barcelona, Editorial Kairós, 1989.)

Osho, Rajneesh, *And Now and Here: On Death, Dying and Past Lives*, Beekman Publishing, Nueva York, 1995. (Existe trad. esp., *Aquí y ahora, sobre la muerte, el morir y las vidas anteriores*. Madrid, Editorial Edaf, 1997.)

Pollack, Rachel, *Seventy-Eight Degrees of Wisdom: A Book of Tarot*, Thorsons Publishing, Garden City, NY, 1998. (Existe trad. esp., *Los setenta y ocho grados de sabiduría del Tarot*. 2 vols. Barcelona, Ediciones Urano, 1987.)

—, *The Forest of Souls: A Walk through the Tarot*, Llewellyn Publications, St. Paul, MN, 2000.

Rosenfeld, Albert (ed.), *Mind and Supermind*, Rinehart and Winston, Nueva York, Holt, 1977.

Scholem, Gershom, *On the Kabbalah and Its Symbolism*, edición revisada, Schocken Books, Nueva York, 1996. (Existe trad. esp., *La Cábala y su simbolismo*. Madrid. Siglo XXI de España Editores, 1985.)

Sharman-Burke, Juliet, *Mastering the Tarot: An Advanced Personal Teaching Guide*, Griffin, Detroit, 2001. (Existe trad. esp., *Comprendiendo el tarot*. Las Rozas, Dastin, 1998.)

Shulman, Martin, *Ascendant: Your Karmic Doorway*, Samuel Weiser, York Beach, ME, 1988.

—, *Karmic Astrology: The Karma of Now*, Samuel Weiser, York Beach, ME, 1988.
—, *Karmic Relationships*, Samuel Weiser, York Beach, ME, 1988.
SMITH, Paul Fenton, *Mastering the Tarot: A Guide to Advanced Tarot Reading*, Simon and Schuster, Nueva York, 2000.
SUTPHEN, Dick, *Finding Your Answers Within*, Pocket Books, Nueva York, 1989.
—, *Past Lives, Future Loves*, Pocket Books, Nueva York, 1978.
SUTPHEN, Dick y Lauren LEIGH TAYLOR, *Past-Life Therapy in Action*, edición revisada, Valley of the Sun, Malibú, CA, 1987.
SWARTZ, Robert J., *Perceiving, Sensing and Knowing*, Doubleday, Nueva York, 1965.
WANG, Robert, *Qabalistic Tarot: A Textbook of Mystic Philosophy*, Samuel Weiser, York Beach, ME, 1996.
WEBSTER, Richard, *Feng Shui for Beginners*, Llewellyn Publications, St. Paul, MN, 1997. (Existe trad. esp., *Feng shui: introducción a la tradición y sus beneficios*. Barcelona. Ediciones Oniro, 1998.)
WOOD, Robin, *Robin Wood Tarot: The Book*, Livingtree Books, Dearborn, MI, 1998.
WOOLFOLK, Joanna Martine, *The Only Astrology Book You'll Ever Need*, Stein and Day, Nueva York, 1982.
ZWEIG, Connie y Jeremiah ABRAMS (eds.), *Meeting the Shadow: The Hidden Power of the Dark Side of Human Nature*, Penguin Putnam, Nueva York, 1991. (Existe trad. esp., *Encuentro con la sombra: el poder del lado oscuro de la naturaleza humana*. Barcelona, Editorial Kairós, 2006.)

ÍNDICE ANALÍTICO

adivinación por contemplación, 29, 62
agua, 15, 17, 26, 29, 51-52, 54, 62, 97, 114, 135-139, 144-145, 147, 150-151, 153
aire, 16-17, 27, 29, 51-52, 55, 135-139, 143, 145, 151, 153
Akasha, 14
akáshicos, registros, 14
alquímicos, símbolos, 49
arquetipo, 25, 154, 158, 160, 170, 173
as de copas, 29, 62, 114
    de pentáculos, 59, 79, 109, 130
    de bastos, 107, 112, 115

bastos, 16, 37, 53-55, 60-61, 68, 78, 86-87, 90, 96-97, 105, 107-109, 112, 114-115, 119-120, 123, 129-131, 137-139, 147, 150, 161

caballo de bastos, 150
    de espadas, 45
    de pentáculos, 89, 130, 148
Carro, el, 15, 53-54, 105, 131, 151
cinco de bastos, 61, 105, 137, 161
    de copas, 46, 68, 113, 160
    de espadas, 44, 59, 151
    de pentáculos, 36
círculo, 25, 86, 91, 133, 141, 155, 161
Colgado, el, 15, 30, 62, 77, 122-123
color, 50, 53, 122, 172-173, 175, 190
copas, 15-16, 29, 37, 45-46, 54-55, 58, 61-62, 68-69, 78, 88, 96, 106, 108-109, 113-115, 120, 137-138, 151, 157-158, 160-161, 166-167
cuatro de bastos, 53, 55, 108, 114, 129
    de copas, 45, 68, 109, 120, 138
    de espadas, 29, 62, 121
    de pentáculos, 35, 62

Diablo, el, 15, 68, 89, 113, 122
diez de bastos, 60, 68, 106, 131, 139
    de copas, 78, 88, 166
    de espadas, 113-114
    de pentáculos, 78, 86, 109, 129
dos de bastos, 78, 107, 123
    de copas, 54, 108, 151
    de espadas, 44, 106, 152
    de pentáculos,

elemental, 18-19, 27, 49, 52, 123, 133, 140, 171, 176
elemento, 15, 26-31, 36-37, 49-52, 79, 86, 107, 115, 131, 135-136, 138, 147, 149, 153, 176
Emperador, el, 15, 59, 90, 157, 171
Emperatriz, la, 15, 97, 157, 160-162, 171, 174
Enamorados, los, 15, 53-54, 69, 87, 89
Ermitaño, el, 15, 66-67, 80, 123, 167
espadas, 36-37, 43-45, 55, 58-62, 77, 79, 86, 88-90, 105-106, 113-114, 120-121, 149, 151-152, 166

Estrella, la, 15, 25, 97, 108, 113-115, 120, 139, 147, 150

fuego, 16-17, 27, 29, 52, 54-55, 107, 115, 135-136, 138-139, 147, 153, 173, 175
Fuerza, la, 28, 107-108, 122

hojas cortantes, 173

IARRT, 22-23, 181
inconsciente, *véase* subconsciente
inconsciente colectivo, 13
invertido, 25-26, 29, 35, 53-54, 58-62, 68-69, 78-80, 8690, 97-98, 105, 107, 109, 113, 120-122, 129-130, 137, 147-148, 150, 152, 161, 166-167, 171

Juicio, el, 35, 37, 62, 119-121, 123-124
Jung, Carl Gustav, 13
Júpiter, 76, 79
Justicia, 15, 43, 119, 123

karma, 11-13, 25, 29, 33-36, 41-47, 57, 60-61, 63, 76, 88, 90, 103-110, 145, 163, 167, 176, 178

lanzas, 16
Loco, el, 53-54, 122, 149
luna (satélite), 21, 160
Luna, la (carta), 15, 33, 35, 44, 75-76, 119, 138, 147, 152, 161

Mago, el, 105, 107, 122-123, 157, 171
Marte, 76, 146
meditación,
    guiada, 76, 169-170
Mercurio, 76
Muerte, la, 107, 114-115, 119, 122
Mundo, el, 73, 148

nódulos, 33
nueve de bastos, 90
    de copas, 88
    de espadas, 36, 55, 106, 113
    de pentáculos, 54-55, 90, 108, 121, 151

ocho de bastos, 53-54, 107, 129-130
    de copas, 69, 160
    de espadas, 45, 77, 86, 105, 121
    de pentáculos, 121

Papa, el, 15, 44, 60, 79, 119, 161, 166
Papisa, la, 107, 151, 157, 171
pentáculos, 15-16, 35-37, 45, 54-55, 58-59, 62-63, 68-69, 78-79, 86, 88-90, 97-98, 106, 108-109, 113, 121, 123, 129-131, 147-149, 151,153

piedras, 15
proyección astral, 65, 169-170, 172, 182

regresión, 11, 23, 81, 91, 101, 179-185, 187-190
reina de copas, 106, 157-158
  de espadas, 58, 149
  de pentáculos, 54-55, 106, 113
rey de bastos, 147
  de copas, 96
  de espadas, 89
  de pentáculos, 106
Rueda de la Fortuna, 15, 79-80, 98, 110, 119, 166

Saturno, 35, 76, 79
seis de bastos, 86, 105, 119-120, 139
  de copas, 61, 109
  de espadas, 30, 60-61, 120, 166
  de pentáculos, 58-59, 97
Sello de Salomón, 49
siete de bastos, 87, 97, 114
  de copas, 29, 58, 120, 137, 166
  de espadas, 58, 88
  de pentáculos, 45, 62, 69, 89, 149
sol (estrella), 76
Sol, el (carta), 87
sota de copas, 62, 113
  de espadas, 106
subconsciente, 16-17, 119, 140, 169, 189, 191

Templanza, la, 60, 119, 137

tierra, 15, 17, 26, 28, 37
Torre, la, 15, 46, 80, 110, 120-121, 131
tres de bastos, 96, 109, 130, 138

de copas, 78, 114, 138, 161, 167
de espadas, 79, 90
de pentáculos, 88, 123, 147

Venus, 76, 79
vida actual, 12-14, 17, 25, 29, 33-34, 40-45, 47, 49,52, 55-56, 63 ,66, 68, 71, 77, 83, 85, 96, 101, 109, 111-112, 115-117, 121-124, 127, 140, 157-159, 161, 165, 168, 170, 180-181, 185-187
vida futura, 12, 19, 39, 43, 47, 57, 66, 71, 122-124, 133, 135, 138-140, 178

FIGURAS

Capítulo 1
1. El pentáculo invertido 26
2. La tirada del pentáculo invocador 27

Capítulo 2
3. La tirada de la Luna oscura (primera parte) 34
4. La tirada de la Luna oscura (segunda parte) 35

Capítulo 3
5. La cruz de santa Brígida 40
6. La tirada de la cruz irlandesa 41

Capítulo 4
7. Las complejidades del sello de Salomón 50
8. La tirada del sello de Salomón 51

Capítulo 5
9. La tirada de la decisión kármica 58

Capítulo 6
10. La tirada del puente arco iris 67
11. Variación de la tirada del puente arco iris 70

Capítulo 7
12. Modelo del Árbol de la Vida 74
13. La tirada del Árbol de la Vida 75

Capítulo 8
14. La tirada de la gran imagen 82

Capítulo 9
15. Modelo del feng shui 94
16. La tirada del feng shui 95

Capítulo 10
17. La tirada de las convergencias de la vida 103

Capítulo 11
18. La tirada del tiempo omnisciente 112

Capítulo 12
19. La tirada del crecimiento en tres vidas 118

Capítulo 13
20. La tirada del siguiente desafío 128

Capítulo 14
21. El círculo sagrado de los cuartos 134
22. La tirada elemental de la vida futura 135

Capítulo 15
23. Constelación de la rueda de la vida pasada 142

Capítulo 16
24. Desenmascarar el pasado 159

Capítulo 17
25. La tirada de la epifanía de la vida pasada 164

ÍNDICE

Prólogo 7

Introducción. El tarot y sus vidas pasadas 11
    Las vidas pasadas y el viaje de su alma 13
    Coordinación de los nombres de las cartas del tarot 14
    Cómo utilizar este libro 16
    Lo que ve una lectora avanzada 18
    Lecturas de muestra, tiempo y género 20
    Lleve buenos registros 21
    Para ampliar estudios 21

1. La tirada del pentáculo invocador 25
    Ejemplo de lectura 28
    Tirada alternativa 31

2. La tirada de la Luna oscura 33
    Ejemplo de lectura 35

3. La tirada de la cruz irlandesa 39
    Ejemplo de lectura 43

4. La tirada del sello de Salomón 49
    Ejemplo de lectura 53
    Tirada alternativa 56

- 5. La tirada de la decisión kármica 57
  - Ejemplo de lectura 58
  - Tirada alternativa 63

- 6. La tirada del puente arco iris 65
  - Ejemplo de lectura 68
  - Tirada alternativa 71

- 7. La tirada del Árbol de la Vida 73
  - Ejemplo de lectura 77

- 8. La tirada de la gran imagen 81
  - Ejemplo de lectura 85

- 9. Tirada del feng shui 93
  - Ejemplo de lectura 96
  - Tiradas alternativas 98

- 10. La tirada de las convergencias de la vida 101
  - Ejemplo de lectura 105
  - Tirada alternativa 110

- 11. La tirada del tiempo omnisciente 111
  - Ejemplo de lectura 112
  - Tiradas alternativas 116

- 12. Tirada del crecimiento en tres vidas 117
  - Ejemplo de lectura 119
  - Tiradas alternativas 124

- 13. La tirada del siguiente desafío 127
  - Ejemplo de lectura 129

- 14. La tirada de la vida futura 133
  - Ejemplo de lectura 137
  - Tirada alternativa 140

15. La constelación de la rueda de la vida pasada **141**
   Ejemplo de lectura 147
   Tiradas alternativas 154

16. Desenmascarar el pasado **157**
   Ejemplo de lectura 160

17. La tirada de la epifanía de la vida pasada **163**
   Ejemplo de lectura 166

18. Entrar en las cartas del tarot **169**
   El proceso de adivinación astral por las cartas del tarot ... 170
   Los pros y contras de utilizar el mazo de cartas completo 176
   Salir de las cartas 177
   El conocimiento es sabiduría y la sabiduría es poder 178

19. Descubra sus vidas pasadas **179**
   Trabajar con un socio o buscar ayuda externa 179
   El arte de la autorregresión 182
   Valoración de la experiencia de la regresión 189

Referencias bibliográficas 193
Índice analítico 197
Lista de figuras 201